本书由广州市宣传文化人才培养专项经费资助

广州图书馆学术丛书

图书馆管理札记

方家忠 著

国家图书馆出版社

图书在版编目（CIP）数据

图书馆管理札记 / 方家忠著 . — 北京 ：国家图书馆出版社，2022.12

（广州图书馆学术丛书）

ISBN 978-7-5013-7667-4

I.①图… II.①方… III.①图书馆管理－研究 IV.① G251

中国版本图书馆 CIP 数据核字 (2022) 第 234123 号

书　　名	**图书馆管理札记** TUSHUGUAN GUANLI ZHAJI
著　　者	方家忠　著
责任编辑	张　颀
封面设计	项梦怡

出版发行	国家图书馆出版社（北京市西城区文津街 7 号　100034） （原书目文献出版社　北京图书馆出版社） 010-66114536　63802249　nlcpress@nlc.cn（邮购）
网　　址	http://www.nlcpress.com
排　　版	北京旅教文化传播有限公司
印　　装	北京科信印刷有限公司
版次印次	2022 年 12 月第 1 版　2022 年 12 月第 1 次印刷

开　　本	880mm×1230mm　1/32
印　　张	11
字　　数	219 千字
书　　号	ISBN 978-7-5013-7667-4
定　　价	88.00 元

广州图书馆学术丛书编委会

主　编
方家忠

副 主 编
黄广宇　刘平清　李慧敏　陈深贵

执行主编
肖红凌

编　委
（按姓氏笔画序）

付跃安　冯　莉　朱俊芳　刘双喜
李保东　肖红凌　张江顺　陈丽纳
陈　荧　蒋啸南　潘拥军

常务编辑
邵　雪

专业化管理的新探索（代序）

家忠馆长嘱我审读他的新作《图书馆管理札记》，并作序。

我们是相识相知三十年的老朋友，有同事、同行、同学的深厚交谊，彼此从未间断对各种问题的交流、探讨、争论，互相支持，相互学习，共同进步，从业经历相似，成长历程相近。

《图书馆管理札记》中的很多观点我以前听家忠说起过，有些篇章我以前看过。整本书读下来，就如在听一位老朋友侃侃而谈，他的思考，他的成绩，他的遗憾，他的理想。阅读的过程中我时时想起和他在洛杉矶度过的美好时光……

2009年3月，我和家忠一起赴美国开展为期半年的考察、访问。前三个月的时间，我们在洛杉矶同吃同住同学习，白天与美国同行交流、参观、访问、学习，晚上我们整理笔记，交流看法，畅谈个人的职业理想和广州图书馆的未来。这是我职业生涯中最愉快的记忆。行前我已经知道自己大概率会去广东省立中山图书馆履新，因而这次的交流也多了一层工作交接的意思。在专业领域的直率叙谈、交流乃至争论中，我对家忠坚持的图书馆价值、管理理念、职业理想有了更清晰的了解。

家忠任广州图书馆馆长已超过十年。馆长的首要职责无疑是管理。馆长对图书馆的管理具有系统性、连续性、全局性的特点，会影响图书馆工作的方方面面。家忠是图书馆学专业毕业的，一直从事图书馆的业务和管理工作，有良好的专业学术背景、丰富的专业实践和专业管理经验。近年来，家忠更是提倡专业化发展模式（"发展的两种模式"），因应专业化服务的实际提出专业决策机制的设想（"图书馆的专业决策机制"），呼吁发起图书馆专业化运动（"我们需要发起图书馆专业化运动"）。崇尚专业化管理是其管理理念的底色。管理者的思想是无形的，观察图书馆的发展路径和取得的成就，可以窥见图书馆馆长的管理方式、治理理念。

谈两点阅读札记的体会，代序。

一、注重规划管理

在洛杉矶交流期间，我和家忠探讨过制定广州图书馆发展规划的问题。当时，我们是一起"搭班子"的同事，广州图书馆新馆项目的基建即将完成，用发展规划来擘画未来，厘清发展方向，确立新馆定位，我们达成了诸多共识。我们曾用正反方辩论的方式反复争论制定规划的必要性，规划对图书馆发展的利弊得失，尤其是规划执行过程中可能遇到的困难。在这种辩论中，我发现家忠对规划管理有着异常坚韧的执念。2009年，家忠组织编制《广州图书馆 2011—2015 年发展规划》（又称广州图书馆"十二五"发展规划），明确了广州图书馆的理念、目标与功能，广州图书馆由此建立起理念先进、功能多元、绩效突出的图书馆服务结构。接下来，广州图书馆在"十二五"发展规划的框架内，制定新馆专项规划，借新馆内部业务布局和服务内容设计之机，突出"以人为中心"的价值取向，确立新一代公共图书馆转型发展方向。可以说，"十二五"发展规划和新馆专项规划的制定和实施，是广州图书馆新馆取得杰出服务绩效的关键。这种业务方向的调整，使得广州图书馆新馆在业内脱颖而出，取得傲视同侪的骄人服务绩效。

制定发展规划，需要系统的调查研究，全面理解政策导向和发展环境，深入了解行业的现状和发展趋势，进而明确认知所面对的机遇、挑战，以及自身优势和劣势，在此基础上，确立自我定位、目标任务与实现路径。同时，图书馆的规划需要融入本地经济社会发展规划，得到行政主管部门的认可，以获得政策、财政等方面的保障。要动员全体工作人员参与讨论，在实施规划时，把任务目标分解到各部门执行。在规划的制定过程中，还需要广泛征求业界的建议，鼓励社会公众建言献策。可以说，通过制定发展规划，能更清晰地发现、理解社会需求，更好地预设政府保障，优化图书馆服务。围绕规划目标的分解和实施，广州图书馆的绩效管理、服务效益、服务总量和品质都上了一个台阶。规划的制定和实施有效贯通了事业发展"三支柱"——需求、保障、服务。

以前瞻的战略眼光制定和实施发展规划是广州图书馆科学管理的最重要方式，也是理解本书的最好视角。

广州图书馆"十二五"发展规划选择文化服务作为重点

方向，并提出建设"多元文化窗口"。这落实在新馆专项规划中，细分出传统与本土文化、世界多元文化、现代都市文化等三大系列，相应设计了广州人文馆、多元文化馆等主题空间和服务平台，加上在空间设计与服务方面充分体现"以人为中心"的安排，产生的直接效果是"日均接待量很快达到了 2.7 万人次，周六日日均达到 3 万—4 万人次，最高纪录是一天接待了51774 人次"，"自 2014 年起基本服务指标值稳居全国公共图书馆首位，在世界上也处于领先位置，年接待读者量突破 900 万人次，年文献外借量突破1100 万册次，注册读者累计230 万人，年利用数字资源达到 1.2 亿篇（册）次，年举办读者活动超过4000 场次"。政府部门乐见图书馆服务效益成倍增长，加大了支持力度，新增处级机构"广州大典研究中心"，设立"广州（国际）纪录片研究展示中心"，广州图书馆一跃成为广东省体量最大、编制内工作人员最多、财政经费最多、年度新增图书最多的公共图书馆。巨大的服务量，带来了与之相称的社会美誉度和影响力，图书馆赢得大量珍贵的社会捐赠。计有：广州市文史研究馆调拨移藏该馆全部馆藏 11811 册（件），其中古籍及民国线装书 5399 册、现代装帧图书 4799 册、字画及工艺品 1613 件；一家三代九位女画家的苏氏一家，著名文献大家王贵忱先生，老一辈革命家与收藏名家欧初先生，岭南文化名家刘逸生、刘斯奋家族，敦煌名家姜伯勤教授，历史学家蔡鸿生教授、李龙潜教授、朱雷教授，广东省委原书记任仲夷与夫人王玄伉俪，以拍摄"叶健强跑街"城市影像作品著称的摄影师叶健强等名人名家的一系列捐赠。这些捐赠弥补了馆藏缺失，大大增强了图书馆对地方文化研究的文献支撑能力，对于广州这座历史文化名城具有重要的文化价值和史料价值。

广州图书馆还积极践行"多元文化窗口"的社会使命，推动与各国驻广州领事馆的合作，这就使广州图书馆在开展"公共外交"方面独树一帜，既成为政府外事活动的"城市客厅"，又是公众了解原汁原味的异域文化的窗口。广州图书馆新馆自2013年开放以来，先后与38个国家驻广州总领事馆以及多个友好城市合作举办了约300场文化交流活动，尤其是为纪念艺术大师达·芬奇、拉斐尔逝世500周年，分别于2019年、2021年与意大利驻广州领事馆合作举办"达·芬奇的艺术：不可能的相遇""拉斐尔的艺术：不可能的相遇"展览。这些活动都取得了极大成功，家忠馆长也因此获颁意大利"团结之星"骑士勋章。

制定规划可以让我们清晰地了解机构的过去、现在和将来。规划管理是持续性的管理行为。考察广州图书馆"十二五"发展规划、"十三五"发展规划、"十四五"发展规划以及配套的专项规划，可以帮助我们更准确地理解规划管理在广州图书馆分步实现、逐步递进的转型发展中起到的关键作用。良好的管理所产生的效益是无法估量的，广州图书馆被认为是"世界上最繁忙的图书馆"。

二、创造机会　抓住机遇

"抓住机遇比解决问题重要"，管理者要善于创造机会，敏锐地抓住机遇。

制定《广州市公共图书馆条例》是我和家忠接续参与完成的一项工作，本书中着墨不多，却是把握作者职业理念、专业水平和管理思路的绝佳切入点。我们在洛杉矶三个月的考察学习，直接动因是想要全面了解、学习美国公共图书馆服务体系的组织、管理、运营、服务总体概况，为建立广州市公共图书馆服务体系提供参照。2012年起，家忠积极参与重启《广州市公共图书馆条例》的立法工作，参与推动广州市"图书馆之城"项目建设，得到市政府主要领导的支持。把地方立法工作与"图书馆之城"建设目标结合起来，同步推进，体现了富有远见的管理思维和专业化水平，有很好的示范意义。广州图书馆深度参与地方立法，提出专业的、切合实际的且可实现的建设标准，说服相关部门，协调各方立场，经过艰难的多方博弈，守住了关乎全市图书馆未来发展的核心条款：第一，政府对图书馆馆舍建筑面积、馆藏、年新增藏量、工作人员配备等要素投入要按服务人口量化保障标准，增加兜底条款，规定乡镇（街道）图书馆建筑面积不低于500平方米；第二，明确广州图书馆作为中心馆。前者引发了广州市各区级政府高标准建设区级公共图书馆的热潮，并带动各乡镇（街道）建设了一批高质量的公共图书馆，大大增强了基层服务能力。后者使广州图书馆成为全市公共图书馆的管理系统核心、服务标准和规范的制定者、人才培训基地、数字资源服务的提供者、"通借通还"的中心节点，有效减轻了区、乡镇（街道）图书馆的负担，强化了资源共享，提升了基层图书馆服务水平，以标准化、规范化、专业化的要求，带动市域内各级公共图书馆朝着公共文化服务均等化的目标稳健迈进。广州创立了以地方立法确立中心馆／总分馆的模式，成为高质量建设"图书馆之城"的典范。《广州市公共图书馆条例》成为业界公认的、迄今为止最好的地方图书馆立法。截至 2022 年上半年，广州市共建设实现通借通还的总分馆、服务点 748 个，其中面向所有公众免费开放的公共图书馆（分馆）333 个。2015—2021 年，服务人口年人均访问次数从 0.95 人次增至 1.92 人次，年人均文献外借次数从 1.02 册次增至 2.13 册次，年人均数字资源利用次数从 3.74 篇（册）次增至 8.42 篇（册）次，每万人参加活动人数从 1308 人增至 4526 人，注册读者占全市人口总数比从 14% 增至 24%，乡镇（街道）、社区基层服务能力不断增强。

　　一名优秀的图书馆馆长，对其所处时代的清醒认识、对所处环境的正确理解、对社会需求的准确把握、对行业发展趋势的敏锐洞察，是做好管理工作的前提。在不同的发展阶段、不断变化的环境中，与时俱进地校正发展方向、调适管理方式，则非常考验管理者的学习能力、专业素养、职业理念、学术视野和理想境界。

　　家忠是理想主义者，务实的理想主义者。他在札记中对现行繁复的合规性检查、对管理体制中责权利不一致及法人责任无限扩展等，似乎有未尽之言，其"言外之意"，也值得我们阅读者深思。

刘洪辉[①]

2022 年 12 月

---

　　① 刘洪辉，广东省立中山图书馆首席研究馆员。兼任中山大学信息管理学院硕士研究生导师、华南师范大学经济与管理学院硕士研究生导师。历任广州少年儿童图书馆馆长、广州图书馆馆长、广东省立中山图书馆馆长、广东省古籍保护中心主任、广东省图书馆学会理事长。曾担任中国图书馆学会常务理事、学术研究委员会委员。2013 年度"文化部优秀专家"。

管理，在科学与人文之间（自序）

一

以前读何兆武先生的历史文化随笔，其中有一个观点认为，历史在科学与人文之间。这种观点肯定人文动机在历史发展中的作用，既承认历史发展的必然性，又强调历史是自由人创造的事业。我读后深有感触，想到图书馆管理何尝不是如此。后读人本主义的相关著作，又认识到，在现代哲学的发展进程中，人文主义常常是对理性主义、科学主义大潮的反动；而如果放在历史的长河中，它们则都是与思想蒙昧作战的武器。这进一步加深了我对管理工作的理解。

我担任广州图书馆馆长迄今已逾十年，加上此前受聘副馆长、部门主任、部门副主任的时间，算起来，我从事图书馆管理相关工作已超过二十年。回想起来，我自己有限的管理知识大体上来自实践、前辈的言传身教与耳提面命、对其他图书馆管理运作的观察研究以及读书学习等。

我对图书馆管理最早的认识来自大学课堂。当时谭祥金先生刚从国家图书馆副馆长任上转任中山大学教授、图书情报学系主任，他声若洪钟，给我们讲解图书馆管理案例。我也一直记得黄俊贵先生的"双谋"论，他在广东省立中山图书馆馆长任上与我们分享，图书馆管理要"双谋"，既要"谋"事业的发展，也要"谋"图书馆员个人的成长。差不多同一时期，广州市传奇式的老市长黎子流大力倡导"事业留人，待遇留人，感情留人"。我跟刘洪辉馆长长期共事，他是我们很多年轻同事的良师益友，他给我们分享很多管理智慧，其中我印象最深并一直铭记在心的是，管理工作要尊重人性的需求。我的一位老领导、著名书法家、曾分管图书馆工作多年、以宽厚待人的陈春盛先生经常用很素朴的一句话——"人忙心不累"与我们共勉。

给我管理工作注入强大内在动机的是，2006 年应时任广州市委常委、宣传部部长陈建华之邀，参加由程焕文教授、刘洪辉馆长等共同组织的广州地区图书馆高级人才研修班。该班在现代公共图书馆制度进入中国百年、图书馆界掀起 21 世纪"新图书馆运动"的大背景下，以传播现代图书馆理念为己任，让我和七十多位同学经历了一场理念的洗礼，为我们在新时代共同推动图书馆事业注入了理念、理想和激情。时至今日，每当想起程焕文、范并思、李国新等老师们交流分享时的专注、表现出的理想主义，我仍然会为之激动。我反复研读的专业著作是于良芝教授的《图书馆学导论》，它以一个相对宏大、完整的视角为我们建构起了一个贯穿历史、现实，贯穿服务、使命、理念、哲学的图书馆学思维框架。我也经常拜读吴建中馆长的《21 世纪图书馆新论》等大作，受益良多，我的许多理念和想法就是受到吴建中先生观点的启发。我自己思考，作为馆长，我有别于他人的或许是基于现实生活的理想主义，即我深信我们的服务、职业、事业、志业对社会中的每一个个体追求自主发展和幸福生活、对社会进步、对国家发展有价值、有意义。当然，我所认识的每一位有所作为的馆长似乎都具有这样的理想主义，这大体上也是改革开放的大时代各行各业的引领者具有的共同特征。

管理科学方面的著作，我先后读了一些，其中印象深刻、深为服膺的是管理学大师彼得·德鲁克先生的《卓有成效的管理者》，这也是我经常研读的经典著作之一。我们常说"实践出真知"，我们也知道，经验是科学的来源之一。我认为，彼得·德鲁克先生的管理思想确乎是经验、智慧与科学的统一体。图书馆管理著作，我也时常翻阅，尤其在组织制定广州图书馆"十二五"发展规划时深入参考的是美籍华人图书馆学家李华伟博士的《现代化图书馆管理》。

我的管理理念还来自许许多多我接触过的图书馆行业的前辈，一些我深为敬重的长者和智者，如倪晓建、吴晞、褚树青、李东来等资深图书馆馆长。

近年来国家对事业单位管理日益规范、细致，各种合规管理要求不断出台，如"中央八项规定""一岗双责"等，也让我深有感触和体会。

这些年的学习和实践，让我对图书馆管理有了三个层面的认识：

图书馆管理是科学。这是主体、主流。管理是科学，图书馆管理是管理学的一个分支，我们应自觉地将各种管理理论，如科学管理的经典理论，组织管理、行为管理、战略管理、绩效管理、品牌管理等，应用于图书馆管理实践。这也是新时代我们需要强化图书馆专业化发展的主要领域之一。

图书馆管理是艺术。艺术有丰富的内涵，是面对相对复杂、困难问题时的一种或多种处理技巧与智慧。在管理工作中，我们不时会碰到难题。当然，对专业出身的管理者来说，一般不太愿意考虑艺术或技巧，因为他们更看重的是作为专业人士的基本立场，即实事求是，有一说一，有二说二，不会也不愿意拐弯抹角。

图书馆管理是人文。在实践中，很多工作超出了传统科学管理的范畴，需要我们利用心理学，甚至离开所谓科学的规律性，进入人的内心深处，去理解、体验个体的意志、情感、欲望和心理、人格等的发展需求，去理解出于人性的合理诉求。当今我们倡导"以人为中心"的图书馆建设，从管理的角度，就是要更多地关注图书馆员的心理需求、合理诉求。在实践中，很多工作既超出了管理的范畴，也超出了专业的范畴，尤其是新的国家治理体系正在建构过程中，新的环境给管理者提出了很多新的要求，而这些新要求并没有相应的标准、规范，没有固定的、公认的答案。很多时候，我们需要权衡，而做出选择的标准需要放到管理科学、管理艺术的更底层，即人文的层面，从人格、人性、人的权利层面，从真、善、美的层面，或者说将"善"作为我们管理工作的底层原则——对于作为管理客体的人，管理者要特别尊重他的主体性，要有谦卑、敬畏、包容之心。面对很多新问题，可能有多种选择而难以抉择，这时最好的选择或许就是善意的、与人为善的选择。有时候，"真"会与"善"发生矛盾，这时候，"善"或许是更好的选择。从管理的人文性出发，也让我们对国家倡导的法治与德治相结合可以有更深入的理解。当然，管理的人文性，我想，还体现在管理工作的思辨性质上，作为管理者，我们常常需要去反复思考、反思我们的工作。

从传统哲学的层面看管理，主要涉及的或许就是仁义与刑赏之别。儒家传统重仁义轻刑赏。何谓"仁义"？孔夫子自道，忠恕而已，并一以贯之。即己欲立而立人，己欲达而达人；己所不欲，勿施于人。

时代发展到今天，我们首先应该标举的是科学管理的大旗；当科学不能发挥作用的时候，我们更要举起人文主义的思想旗帜。需要融入管理者常识的是，我们不要忘记管理的人文底色。

二

我的教育背景是图书馆学，又一直在公共图书馆工作，自我定位是专业技术人员，自我期许是做好一名专业人士。蒙组织信任，我先后被聘为副馆长、馆长，不知不觉间，已过去十七年。关于图书馆员和馆长的角色及其社会贡献，我细想起来，大体有三个方面：一是服务实践，二是学术研究及其成果，三是管理实践及思想。

　　具体而言，作为图书馆专业技术人员，服务实践即服务公众、社会，追求多多益善，并追求服务深度、专业化水平，而以被服务者的相关产出为服务价值。馆员的学术研究，应追求提升个人专业认知水平、公共服务水平，或解决认知与实际工作中存在的问题，而尤其倡导解决实际问题，最终通过研究提升专业认知和公共服务水平。专业性、创新性、体系化为学术研究不同层次的目标。管理实践较为复杂，要管人理事，既要追求管理的科学性，又要强调管理的艺术性或人文性；结合中国国情，不仅需要考虑规范性、适用性，还要考虑基本逻辑、顶层设计等不同层面的工作目标，能力强者当然还可以追求创新性。我的体会是，由于现实状况对图书馆管理者有更为复杂多样的要求，因此一个管理者在工作中能落实管理规范，就堪称优秀了。当然，从管理实践的效果来看，要有所作为，机遇、环境、平台、理念、专业认知等因素更为关键，而且缺一不可。相应地，图书馆管理与学术研究有较大区别，很多时候难以用科学性进行衡量，所能产出者大体上是思想的片段，如感悟、体会等。本书是我作为广州图书馆馆长对管理实践的一些思考或记录，是管理工作的"雪泥鸿爪"。

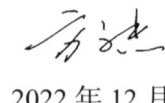

2022 年 12 月

目　录

领导与管理

特殊时刻

时代、机遇与环境

"你很幸运"

广州图书馆新馆于 2013 年全面开放以后，我先后接待过数百批来自国内外图书馆界的同行。其中有多位国外图书馆馆长，在我眉飞色舞地介绍新馆的建筑特色和突出的服务效益之后，他们都会由衷地对我说一句："你很幸运！"这似乎是外国人更为习惯的表达方式。我也时常回味、咂摸这句话的意思——我很认同，是的，我很幸运。

我很幸运生逢一个最好的时代。这是一个伟大的时代，人民乐观向上，国家充满活力，经济社会迅速发展，文化事业特别是公共图书馆事业取得长足进步。我作为这个时代中的一个个体，一名专业技术人员，有用武之地，可以展示自己的才华，可以追求自己的职业理想和社会理想，而二者又是如此协调统一。社会的发展，为个体的发展带来无限的可能，为个人的职业发展提供了广阔的天地。

我很幸运身处一个包容的城市。广州这座城市人口规模庞大，而其中户籍人口、非户籍人口几乎各占一半。如果从改革开放之初算起，到现在为止外来人口或许已是"土著""老广"的数倍，广府人、客家人、"新客家人"和谐融洽地生活在一起。作为中国"海上丝绸之路"的起点，这座城市拥有2200多年的建城史，以及几乎同样悠久的对外贸易史、开放史，在长期对外交流的过程中，形成了务实、开放、包容的人文性格。这座城市还是俗称的"一线城市"，拥有比一般城市更大的平台影响力，能更为显著地推动各行各业的发展。与其他城市相比，同样一项工作，付出同样的努力，所产生的效果、社会影响、行业影响可能完全不同。

我很幸运身处一个公众对知识、信息与文化需求勃发的时代。我很幸运我们有热爱读书的广州人。这是广州图书馆取得突出服务效益并足以成为一种代表性的"社会现象"的内在原因。在一系列可观的服务数据的背后，是公众强烈的阅读需求。不管政府如何努力，图书馆员如何努力，如果缺乏公众需求，图书馆的服务效益、社会影响等都无从谈起。回想二十世纪八九十年代，公众对知识的渴求非常强烈，"知识就是力量"这句格言是当时众多在图书馆里完成自学考试的年轻人的座右铭。进入二十一世纪以后，公众的文化需求迅速显现，图书馆作为公共文化空间、交流空间的价值日益显现。公众的需求是一个图书馆服务效益的必要前提，是公共图书馆服务体系建设的内在逻辑，也是图书馆员长时间站在社会聚光灯下的内在理由。

从文化自觉走向权益保障时代

我们身处一个转型的时代。

以历史的眼光看，中国的现代化转型始于鸦片战争，先后经历洋务运动、戊戌变法、辛亥革命、五四运动等阶段。1904年前后，在湖南、湖北等地开始出现现代意义上的公共图书馆，此后各地陆续出现各级政府设立的图书馆和其他主体设立的通俗图书馆。当时的公共图书馆是教育制度的一个基础组成部分，宗旨是"作育人才，开启民智"，建设公共图书馆为当时的先进知识分子和开明官员所积极倡导。就当时的社会背景而言，发展公共图书馆事业可以说多出于文化或教育自觉。

新中国成立尤其是改革开放以后，我国开启了全面建设社会主义现代化国家的历史进程。改革开放之初，百业待兴，确立了"以经济建设为中心"的基本路线，因此一方面社会上出现了发展文化事业的强烈意愿，兴起了一轮包括建设公共图书馆在内的热潮；另一方面，在相当长一段时间内是"文化搭台，经济唱戏"的观念占据主导地位，文化在很多时候处在经济的附庸地位，是"化妆品""营养品"，还不是"必需品"。进入21世纪，特别是2001年我国加入WTO以后，进一步融入全球化大潮，经济迅速发展。同时，随着市场经济体制的建立，社会群体开始分化，出现不同的阶层及利益诉求。2004年在经历了经济的长时间积累以后，国家开始推动以社会公平正义为基本价值取向的和谐社会建设，全面推进各项民生社会事业。而此时中国图书馆界也利用纪念中国公共图书馆事业发展百年的时机，适时发起21世纪"新图书馆运动"，倡导"公共图书馆精神"，自由、平等、免费等理念逐步在图书馆界深入人心。社会领域、政府领域、图书馆领域多股浪潮合流，推动公共图书馆事业发生巨变。党的十八大以后，国家进一步推动小康社会建设，进入经济建设、政治建设、文化建设、社会建设、生态文明建设"五位一体"、全面发展的新阶段。我以为，近二十年来，从理念的变化开始，公共图书馆事业发生了"质变"。其中代表性的发展包括：

2005年《中共中央关于制定国民经济和社会发展第十一个五年规划的建议》首次在国家层面提出"逐步形成覆盖全社会的比较完备的公共文化服务体系"。2006年《国家"十一五"时期文化发展规划纲要》发布，公共图书馆的免费和平等理念明确成为国家意志。2010年文化部开始在全国推进公共文化服务示范区建设，2011年全面推行公共图书馆免费开放。2012年国务院首次发布《国家基本公共服务体系"十二五"规划》，将公共图书馆服务纳入基本公共服务范围，并明确："基本公共服务，指建立在一定社会共识基础上，由政府主导提供的，与经济社会发展水平和阶段相适应，旨在保障全体公民生存和发展基本需求的公共服务。享有基本公共服务属于公民的权利，提供基本公共服务是政府的职责。"2017年《中华人民共和国公共文化服务保障法》明确了政府作为公共文化事业保障主体的责任。2018年《中华人民共和国公共图书馆法》将"保障公民基本文化权益"作为立法宗旨，将公共图书馆县域总分馆体系建设纳入国家服务体系制度设计。综合来看，在国家层面，从理念、制度设计、政府保障到服务体系建设等各主要方面，我国公共图书馆领域完成了从"不自觉"，到相对于晚清民国时期而言的新一轮"文化自觉"，再到公众"权益保障"的历史性进步。

在地方层面，主要表现为公共图书馆服务体系的建设，尤其是东部地区成效显著，并且出现了自助图书馆、读书驿站、城市书房等一系列新的服务业态；部分地区在地方立法、政府规章等层面也纳入了公众权益保障、读者权利保障的发展理念，其中代表性的有《广州市公共图书馆条例》。

在图书馆行业层面，图书馆职业价值观、《公共图书馆总分馆业务规范》（WH/T 89—2020）等一系列行业标准先后制定发布，基层公共图书馆总分馆体系的发展情况逐步纳入年度统计指标体系，即专业管理体系。

改革开放以来的一系列发展使公共图书馆服务逐步完成了

从文化服务到公共服务，再到公共文化权益服务的性质转变，政府施政理念也从一般意义上的文化建设到强调文化自觉，再到明确强调履行政府保障公民基本文化权益的主体责任。

站在历史的长河中，我们可以说，以2017年11月4日第十二届全国人民代表大会常务委员会第三十次会议通过《中华人民共和国公共图书馆法》为标志，中国在制度层面实现了公共图书馆事业的现代化。

最大的变化是"人的主体性"

  中国正处在现代化建设进程中。现代化的内涵很丰富，但最重要的仍是人的现代化，即人的素质的全面提升和主体意识的觉醒、强化。对图书馆行业而言，考察全国其他图书馆和广州图书馆的发展可以发现，改革开放以来最大的变化是"人的主体性"的突显。

  首先看理念及制度保障。中国图书馆行业于 2004 年掀起 21 世纪"新图书馆运动"，倡导"公共图书馆精神"、图书馆权利、职业道德、核心价值观，掀起理念变革。以 2004 年为界，此前与公共图书馆服务相关的提法是无偿服务、部分有偿服务、公益服务、惠民服务，2004 年以后，开始大力传播联合国教科文组织与国际图书馆协会和机构联合会（简称"国际图联"）共同发布的《公共图书馆宣言》所倡导的自由、平等、免费服务理念。2005 年我国首次提出建设包括公共图书馆在内的公共文化服务体系时，确立的原则是普遍、均等。2006 年广州市在推动地方图书馆立法时即提出立法宗旨是实现和保障公众的基本文化权益，并提出读者权利保障条款。2010年国家开始推行公共图书馆服务体系示范区建设，落实平等服务理念。2011年国家推动全国公共图书馆免费开放，以落实开放、平等、共享的公共图书馆服务理念。2018年《中华人民共和国公共图书馆法》实施，其立法宗旨是保障公民基本文化权益。由此可见，公众从一般意义上的服务对象，逐步转变为权益保障对象。

其次看图书馆功能层面。广州图书馆新馆于2012年开放后，大力拓展文化交流活动领域、公共交流活动领域，开始向社会公共空间功能、向"人"的图书馆转型。过去图书馆工作的中心是"书"，现在图书馆服务的逻辑起点从"书"转变为"人"，围绕人的知识、信息、文化、社交需求，组织相关资源，提供相应服务。在图书馆事业发展中逐步确立人的主体地位。

再看图书馆服务层面。随着网络化、数字化、智能化不断发展，图书馆服务日益趋向以人为本、泛在场景，突破所有时空限制；同时随着服务体系的完善，图书馆从提供公众到馆服务，到完善乡镇（街道）、社区基层体系，提供覆盖到社区的服务，同时通过送书上门等项目，让服务直达个人。

根据上述梳理可见，在时代发展进程中，公众在公共图书馆服务中的主体地位日益确立。相应地，图书馆员、图书馆、图书馆行业组织、政府、各种社会力量的主体性也同步确立起来。

图书馆员、图书馆、图书馆行业组织要发挥自身在专业化服务与管理中的主体作用，提升服务效能和服务水平，强化公共图书馆在满足公众需求、推动社会发展和国家进步中的地位。尤其在新冠疫情防控期间和后疫情时代，政府保障水平与力度可能会有所减弱，更要强调发挥图书馆员、图书馆和图书馆行业组织的主体作用。

政府也越来越明确自身的主体责任。2012年国务院发布《国家基本公共服务体系"十二五"规划》，明确指出，保障公民的基本文化权益是政府的责任。2017年实施的《中华人民共和国公共文化服务保障法》从国家制度层面明确各级政府的保障责任，包括经费、人力资源、馆舍建筑等要素投入保障的责任。

各种社会力量的主体地位也越来越明确。实践证明，在公共图书馆服务体系建设和公共服务过程中，各种社会主体有意愿、有能力参与，也发挥出积极作用，他们的参与动机多元化，但目标很明确，包括公益慈善、履行社会责任、互利共赢等。

综上所述，从大的时代背景和图书馆行业、广州图书馆的发展变化看，改革开放以来，图书馆事业最显著的变化是"人的主体性"的确立，这个"人"包括图书馆的服务对象即公众，图书馆的服务主体即馆员及其组织、行业，以及政府主体和各种社会主体。

广州图书馆有两次发展机遇

　　管理大师彼得·德鲁克有一个代表性的观点，即抓住机遇远比解决问题重要。我非常认同。

　　广州图书馆有两次发展机遇。幸运的是，我和我的同事们抓住了它们。

　　第一次发展机遇，是 2004 年启动建设、2012 年投入服务的新图书馆。首先要感谢我们的前辈，他们明智地选择了现在地处珠江新城的地块，该地块在十几年后演变成为新城市的中心，这是广州图书馆新馆取得显著服务效益的首要前提。其次，仍然是我们的前辈，他们极力向决策机构争取，将新馆向地下挖两层，使面积扩大到十万平方米；并经过广泛调研，将所有看到、想到的功能都放入了新图书馆，使新馆具备了"巨无霸"的体量和多元化的功能，为新馆建立多样化的服务结构奠定了物质基础。用程焕文教授的话来讲，"有多大的平台就有多大的舞台"。再次，是图书馆不失时机，于 2009—2010 年组织编制了广州图书馆"十二五"发展规划，明确了新馆的理念、目标与功能，与"物理"新馆一起，一软一硬，配合建立起了理念先进、功能多元、绩效突出的图书馆服务结构。应该说，这是新馆建设成功的决定性因素之一，也是广州图书馆新馆在同时期国内外一系列图书馆中脱颖而出的关键。站在图书馆的立场来看，决定新馆选址、体量的主体都不是我们自己，我们唯一可以发挥主体性和主导作用的是利用新馆建设机遇，制定科学的发展规划，以便在馆舍条件变迁的同时实现功能和服务的跃升。选址、体量、功能，这几个主要因素互相作用，让广州图书馆新馆成为 21 世纪以来在世界范围内都堪称建设最成功的图书馆之一。

第二次发展机遇，是 2012 年起广州市政府致力推动的"图书馆之城"建设。首先是在市政府主要领导的重视下，2012 年广州有了一个制定地方图书馆法规的机会。市政府、市人大、文化主管部门、图书馆业界与学界等相关各方，紧紧抓住这个历史性机遇，作出了最好的制度设计。程焕文教授牵头的科研团队，进行了全面、科学、系统的调查研究，广泛吸收了最新理念、国际标准，并紧密结合中国国情和城市实际，制定了法规草案，为法规的出台奠定了坚实的基础。广州市文化主管部门牵头的立法小组，广泛吸收来自政府各部门、市属各区、各相关群体以及社会各界意见，最大限度达成共识。市政府法制办、市人大发挥各自优势，推动制度创设，解决"图书馆之城"建设过程中基层图书馆建设主体上移、人力资源配置等关键问题。当然，最重要的是市主要领导的明确支持和坚定意志，使全市公共图书馆服务保障目标和政府投入保障量化标准得以确立，解决了我国很多地方在文化立法工作中无法解决的保障条件问题。而广州图书馆在其中发挥着关键作用：协调各方，联系实际提出专业性、操作性很强的关于建设标准的建议，并在整个立法过程中"紧盯"、"守护"核心条款，说服异议各方等。在相关各方的共同努力下，2015 年开始实施的《广州市公共图书馆条例》成为业界公认的迄今为止最完备的图书馆地方性法规。在科学的地方立法基础上，广州图书馆与文化主管部门、各种社会主体等，在市、区两级政府的共同努力下，经过 5 年的努力，基本完成了第一阶段"图书馆之城"建设的主要目标，使图书馆设施覆盖率基本达到香港、新加坡等城市的水平，使公共图书馆事业的投入保障水平增加了一倍以上，图书馆服务效能主要指标实现一至数倍的增长。

正是因为有这两次历史性的机遇并且紧紧抓住了机遇，广州图书馆和广州市公共图书馆服务体系在不到十年的时间内，迅速成长为在国内、国际都具有代表性和影响力的城市图书馆和城市图书馆体系。

市长一天"三访"图书馆

对广州图书馆人而言，2013年11月24日是一个特殊的、值得纪念的日子。这一天，广州市市长陈建华"三访"图书馆。一早，陈市长到广州图书馆参加著名书法家李伟先生传记《墨缘》新书首发式；接近中午时，陪同国土资源部一位副部长参观广州图书馆；到了晚上，又陪同广州市的国际友好城市——意大利米兰市的市长一行来馆参访。一天之内，市长"三访"图书馆，分别参与地方、国家、国际层面的活动，可谓极具象征意义。这样的事件当然有偶然性，但偶然的背后是必然。这充分体现了广州市委、市政府对公共图书馆事业的关心、支持和高度的文化自觉。

遇到陈建华市长这样一位领导，是广州图书馆事业之大幸。陈建华于1998年任广州市委常委、从化市委书记，2002年任广州市委常委、宣传部部长，2007—2011年任河源市委书记，2012年任广州市市长，2016年任广州市人大常委会主任，2020

年卸任退休。在广州市前后任职 20 多年来，他致力于系统推进图书馆事业的发展，使广州市公共图书馆事业实现跨越式发展，无论广州图书馆还是广州市"图书馆之城"建设，均一跃进入国内国际引领行列。在这里，我仅列举几件本人亲历亲闻的事件，以期为广州市公共图书馆事业史册增添一些生动的细节，并向陈建华市长致以崇高的敬意！

自 2003 年起，陈建华市长开始推动广州图书馆新馆建设。就我所知，他至少推进了以下大事的开展：从市委宣传部"两金"中拨出专项资金 120 万元启动新馆建设调研，是广州图书馆新馆建设和全市新一轮图书馆建设的肇始；为增加新馆占地面积协调规划部门让原选址在图书馆东边的五星级酒店项目东移。

2005 年从市委宣传部"两金"中拨出专款 2000 万元用于广州市区两级公共图书馆公益采购，共增加各公共图书馆馆藏 300 万册。同年，协调争取省委宣传部、广东省立中山图书馆、中山大学图书馆、广州图书馆等相关机构支持，启动当时国内最大的地方文献整理项目——《广州大典》丛书编纂工程，十数年如一日亲任编委会主任——陈建华自述这是其甚至在外市任职期间唯一没有卸去的广州市兼职，于 2015 年完成第一期（民国以前历史文献）的编纂出版工作，共收录广州市 2200 多年间历史文献 4064 种；2015 年推动设立广州大典研究中心，继续开展《广州大典》的编纂工作。该项目对 2007 年国家启动全国古籍保护工程产生了直接影响。

2006 年、2007 年陈建华委托中山大学图书馆和资讯管理学院组织开设两期"广州市图书馆高级人才研修班"，每期为时 3 个月。市委宣传部为此直接投入资金 70 多万元，为图书馆事业发展培养骨干人才 70 余名，为此后广州图书馆事业大发展奠定了思想与人才基础。

在 2006 年研修班期间，时任广州市委常委、宣传部部长的陈建华确定以市社科重点课题方式，委托中山大学程焕文教授团队进行地方立法课题研究，开启地方图书馆立法进程，以保障和推动图书馆事业可持续发展；亲自带队，到市人大等调研，并写信争取市主要领导支持，推动将图书馆立法纳入市人大立法计划。陈建华自述，这是他唯一亲自推动的立法项目。2012 年陈建华任广州市市长后，再次亲自推动、重启地方图书馆立法，同时提出广州市要建设"图书馆之城"的目标；其间代表市政府对广州市图书馆立法中的最重要条款——政府对图书馆馆舍建筑面积、馆藏、年新增藏量、工作人员配备等要素投入量化保障标准，明确表态予以支持，最终推动《广州市公共图书馆条例》于 2014 年完成全部立法程序，并于 2015 年 5 月 1 日起施行。广州市公共图书馆服务体系建设于立法后全面启动，陈建华市长亲自在全市图书馆建设大会上进行动员。在以陈建华市长为代表的各方面领导的全力支持下，广州市"图书馆之城"建设于 2020 年基本实现立法目标——在广州市乡镇（街道）层面实现公共图书馆服务保障，设施保障达到新加坡等发达城市水平，在国内中心城市中位居前列。

陈建华市长支持广州市于 2015 年举办中国图书馆年会，并应邀在开幕式发表主旨演讲。陈市长在演讲中对广州图书馆事业的发展娓娓道来，对各项数据如数家珍，并在演讲中宣布建设广州市科技图书馆，宣布支持全市"图书馆之城"建设经费1.02亿元。陈市长的演讲令3000多名与会代表无比震撼，纷纷感叹，没想到一个一线城市的市长如此熟悉公共图书馆事业，一时引发全国图书馆界热议。很多同行纷纷向我表示祝贺，并表达由衷钦羡之意。我在会前看到陈建华市长演讲稿初稿时，还担心市长讲得可能太具体了，可是没想到在开幕式现场聆听陈市长演讲时，我竟难以抑制自己的激动、感动！会议期间，陈建华市长还表态支持广州市积极配合文化部申办国际图联（IFLA）年会。

陈建华于2016年转任市人大常委会主任后，以要求政府进行专项报告、组织市人大专项调研、执法检查等多种形式推动图书馆立法的贯彻实施。其间，陈建华主任还接受广州市图书馆学会提出的意见、建议，作为人大开展监督工作的依据。

陈建华不单重视公共图书馆事业，对广州市文化建设也倾注全力予以推动，使进入21世纪以来的20多年成为广州市建城史上文化建设的高潮期。陈建华在市委常委、宣传部部长任上做实宣传文化工作，在市长任上则享有"文化市长"美誉。关于城市文化，陈建华提出了广州市文化人耳熟能详的"三根"理论①，有"反市场逻辑"，更有"权利贫困是最重要的贫困"等卓见。陈建华尊重文化人，也深受广州市文化人尊敬、爱戴。

---

① 文化遗产是根源，文化人才是根本，文化设施是根基。

令大家非常感动的是，陈建华叫得出广州市几乎所有文化领域名家、专家及基层文化单位领导的名字。

地方主政者的工作千头万绪，能兼顾文化并取得卓著成效的实属少见。一次听陈建华自述，市长的主要精力还是放在经济建设、民生建设和城市的全面发展上，文化建设所占工作分量大概不到十分之一。我相信，相对市长所担负的责任而言，十分之一已是一个很大的比重；而从结果、效果来看，其对城市的文化发展影响又何其显著。就我所知和个人体会，陈建华致力推动公共图书馆事业、文化事业，既出于朴素的文化情怀、理性的文化自觉，又出于作为主政者、政治家的视野、格局和胸怀。广州的图书馆人、广州市的文化人很幸运地碰上了一位重视文化的领导。2009 年我在美国图书馆的史料中看到过的一幅照片，场景是时任美国总统 20 世纪 20 年代参加纽约公共图书馆之汽车图书馆开馆剪彩。我当时真是感到羡慕。这些年来，每当我们得到或想起陈建华等领导对图书馆事业的支持时，我就感到非常幸运和幸福！

2019 年，在国家图书馆庆祝建馆 110 周年之际，习近平总书记给国家图书馆八位老专家回信，殷殷寄语国家图书馆、全国图书馆人和图书馆事业，极大振奋了全国图书馆人推动图书馆事业发展的信心。从城市层面到国家层面，领导的重视，为新时代图书馆事业发展注入了强大的动力。

地方或国家公共图书馆事业的发展，通常建立在经济社会发展水平和人民文化需求水平提高的基础上，这既是事业发展的历史逻辑，也是现实逻辑。因领导的高度重视而得以快速发展，这确是地方之幸、行业之幸、文化之幸、百姓之福！

附一：陈建华推动广州市公共图书馆事业述略

广州市公共图书馆事业的大发展首先源于市委、市政府的高度重视，其中陈建华尤其发挥了主要推动者的作用。自2002年起，陈建华历任中共广州市委常委、宣传部部长，广州市委副书记、市长，广州市人大常委会主任等职，大力推动广州市文化事业进入历史上建设项目最多、发展最快、成就最为突出的时期，后获"文化市长"之美誉。前后历时20年，系统规划、全力推动、鼎力支持广州市公共图书馆事业，使之成为广州文化建设成果最为丰硕的领域之一。2015年，陈建华应邀在中国图书馆年会上发表主旨演讲，在全国图书馆界引发强烈反响。陈建华是地方党委、政府以保障公民文化权利的先进理念、高度的文化自觉，高度重视、大力支持、强力推进公共图书馆事业并取得突出成就的典范。

1. 2003年支持广州图书馆新馆建设项目立项。这是21世纪广州市文化设施建设的第一个重点项目。具体支持包括调研、选址、立项、筹措经费等，如拨款120万元用于启动新馆建设项目调研；争取选址珠江新城；支持将占地面积由1.66万平方米增加至2.1万平方米，将建筑规模扩大到10万平方米。

2. 2004年从宣传文化基金中拨专款2000万元支持建筑面积为2万平方米的从化区图书馆建设。

3. 2005年从宣传文化基金中拨专款1350万元支持建筑面

积为 3.28 万平方米的增城区图书馆建设。

4. 2005 年支持全市公共图书馆图书公益采购项目。拨专款 2000 万元，主要面向广州市、区（县级市）两级公共图书馆，累计购入新书 300 多万册，广州市常住人口人均拥有公共图书馆藏书增加 0.3 册。

5. 2005 年支持广州少年儿童图书馆增加 4600 平方米的樱花街分馆，于 2007 年 6 月 1 日开放服务。

6. 2005 年广州市区（县）行政区划变更，首倡将东山区政府大楼改建为越秀区图书馆，后拨专款支持该馆改建工作，改建后面积达 1.1 万余平方米。

7. 2005 年推动启动《广州大典》编纂工程。这是广州历史上也是迄今为止国内最大规模的地方文献整理出版项目。

8. 2006 年、2007 年投入经费支持举办两期广州市图书馆专业人才高级研修班。培训人次达到 70 余人次，基本覆盖全市公共图书馆业务骨干，为图书馆事业发展奠定思想与人才基础。2009 年广州图书馆馆长刘洪辉、副馆长方家忠二人赴美交流亦是此项目的延续。

9. 2006 年 5 月推进地方图书馆立法。以市重点规划科研课题方式委托中山大学程焕文教授牵头研究，起草地方立法草案。草案形成后，亲自参与研讨，带队到市人大等进行交流，促使市人大将图书馆立法纳入 2007 年立法计划预备项目。陈建华接受媒体采访时曾表示，这是他"任期内唯一亲自出马不遗余力推动的立法工作"。

10. 2007 年支持广州图书馆举办"羊城学堂"公益讲座。该项目是 2006 年启动的"书香羊城——全民阅读系列活动"的重点工作之一。

11. 2007 年支持广州图书馆举办"万古不磨意　中流自在心——饶宗颐教授学艺兼修展",获得学界及其他社会各界的高度评价。这是内地首次举办饶宗颐教授的学艺兼修展。

12. 2012 年将广州图书馆中山四路馆舍调拨并拨专款改建为广州少年儿童图书馆。

13. 2012 年 3 月重新启动地方图书馆立法。

（1）支持将公共图书馆条例顺利纳入立法计划。

（2）支持将政府保障量化标准内容纳入立法条款。

（3）在多个公开场合对公共图书馆立法、全市图书馆体系建设表示支持。宣传、邀请大家到广州图书馆新馆参观,眼见为实,亲身了解、体会市民需求。

（4）2013 年 11 月召开的市政府常务会议审议《广州市公共图书馆条例（草案）》,支持无异议通过。

（5）2014 年《广州市公共图书馆条例（草案）》在市人大审议阶段,支持图书馆行业以市图书馆学会名义提出增加兜底条款的建议,即规定乡镇（街道）图书馆最低建筑面积不得低于 500 平方米。

14. 2012 年 4 月提出广州要建设"图书馆之城"的目标。

15. 2012 年 8 月到从化区图书馆视察,提出建设从化区图书馆二期。2013 年从广州市财政拨付 3000 万元,支持从化区图书馆二期建设。

16. 2013年从市长基金中拿出2500万元支持广州图书馆新馆资源建设，并协调市委宣传部每年从"两金"中安排不少于10%的资金用于添置图书馆图书。

17. 2014年11月支持广州纪录片研究展示中心立项，在广州图书馆建设。该中心于2018年12月对外开放。

18. 2015年支持广州图书馆增加80个事业单位人员编制。

19. 2015年支持广州市举办中国图书馆年会，并应邀在年会上发表主旨演讲。

20. 2015年宣布建设广州科技图书馆。

21. 2015年推动设立广州大典研究中心。

22. 2015年5月26日，市政府召开"《广州市公共图书馆条例》实施工作会议"，陈建华市长亲自动员并设立1.02亿元专项经费用于支持各区馆舍和文献资源建设。

23. 2017年10月，推动市人大常委会听取和审议市政府《关于〈广州市公共图书馆条例〉实施情况的报告》，促进条例实施。

24. 2018年支持设立中华古籍与民国文献影印出版物采购项目，计划五年安排购置经费1亿元。

25. 2019年，推动市人大开展《广州市公共图书馆条例》立法后评估调研。

26. 2019年8—9月，推动市人大常委会执法检查，听取和审议《广州市人大常委会执法检查组关于检查〈广州市公共图书馆条例〉实施情况的报告》。

27. 2019 年协调将市政府文史研究馆馆藏调拨广州图书馆。该批文献计 11811 册（件），含古籍及民国线装书 5399 册、现代装帧图书 4799 册，以及字画及工艺品 1613 件，系广州图书馆接收机构移藏中规模最大的一批。

28. 2021 年支持广州图书馆 40 年口述史项目，接受采访，并为《保障公民文化权益——广州市"图书馆之城"建设图册（2012—2020）》作序。

29. 2022 年 1 月，推动将花都区图书馆旧馆在新馆建成开放后保留作为区少年儿童图书馆。

30. 2022 年推动天河区图书馆新馆建设项目立项。

附二：广州地区公共图书馆界向陈建华颁赠"图书馆之友"证书

2022 年 1 月 11 日，借参观"广州图书馆 40 年成果展"的机会，广州地区公共图书馆馆长们向陈建华颁赠"图书馆之友"证书，以表达图书馆界的感谢之意。在证书上签名的有广州图书馆、广州少年儿童图书馆和十一个区图书馆的馆长，陪同参观的程焕文教授，应邀但因故未能参与现场活动的广东省立中山图书馆馆长王惠君、原馆长刘洪辉一起在证书上签名。参观结束后，陈建华与图书馆界代表座谈交流，活动共持续四个半小时方结束。此事相信亦是中国公共图书馆事业发展史上一佳话也。

2022 年 1 月 11 日恰逢邓小平南方谈话三十周年。陈建华当年作为广东省委书记谢非同志的秘书全程参与陪同视察。因此，当日活动别具一番意义。

兹录证书文字如下：

图书馆之友

陈建华先生大鉴：

　　人民有幸，书香满羊城；我辈有幸，奉献大时代。承蒙长期以来对公共图书馆事业的深入理解、系统推动和鼎力支持，全市图书馆界同仁感铭于心。谨奉此状，以表谢忱！

又及：1月11日座谈会上，花都区图书馆馆长陈志桂报告，该区1.7万平方米的新馆已基本建成，准备启用、开放服务，而其8000多平方米的老馆，区委、区政府正拟于次日开会研究确定是否改作其他用途；但因老馆地处居民区和学校附近，服务效益一直非常突出，并且长年来已形成了固定的读者群体，因此，花都区图书馆及全市图书馆界都希望继续保留老馆作为区少年儿童图书馆。陈建华听到汇报后，当即致电花都区委领导，建议保留老馆作为区少年儿童图书馆。时隔不久，即传出该馆已确定保留作为区少年儿童图书馆的消息，实在令当时参会的各馆馆长和全市图书馆人倍感振奋。这也实在算是陈建华支持广州图书馆事业的又一生动案例和传奇性事件。

从"中心"到"心脏"

　　"如果做商业开发，这个地方至少可以收入 200 个亿。"——陈建华市长不止一次跟我们算广州图书馆的投入账。是的，我们处在广州 CBD 的核心区——2015 年时该 CBD 的生产总值就跃居全国第一，达到 2114 亿元，其中营业收入超 10 亿元、纳税过亿元的楼宇有 45 栋，营业收入超 100 亿元、税收超 10 亿元的楼宇有 10 余栋——广州图书馆几乎处在 CBD 的中心点上。在我看来，其所在区位极具象征意义和历史意味：纵贯南北的新城市中轴线与东流入海的古老的母亲河珠江在此交汇，象征着现代与历史、人文与自然在此交汇，这岂非图书馆使命之最佳诠释？图书馆就是这样的连接点，连接着人民与古往今来的人类智慧，连接着本土与世界，连接着人文与自然，连接着历史与现实。故我心仪的广州图书馆愿景表述为：连接世界智慧，丰富阅读生活。

　　优越的区位条件可谓图书馆取得绝佳服务效益和良好社会

影响的首要条件。一位国外同行在参与广州图书馆的一个学术交流活动时深有感触地说，对图书馆来说，最重要的三件事情是："Location，Location，Location！"2019 年 7 月 19 日，国际图联当选主席克里斯蒂娜·麦肯齐（Christine Mackenzie）女士在程焕文教授陪同下，应邀来广州图书馆作题为"国际图联《全球愿景》规划：创建强大团结的图书馆界，为社会文明增添力量"的学术报告并参访。在馆内参观，从建筑到功能、从服务到效益一一介绍完毕以后，我陪同客人们登上了图书馆的观景平台，介绍周边的主要建筑和图书馆的区位条件。当时我说，从区位上讲，广州图书馆是这座城市的"中心（center）"——麦肯齐女士和程焕文老师当即纠正我，"不，是城市的心脏（heart）！"——我当时的感觉是狂喜，对广州图书馆来说，这个评价太好了，这是一个城市的"心脏"，而绝不仅仅是"中心"！

进一步想，对大多数的公共图书馆来说，又何尝不是如此呢！

十年磨一剑

今天①柯平教授带领团队来广东省立中山图书馆为编制"十四五"发展规划进行调研。在参观《广州大典》丛书过程中，谈到该书及完成一项比较重要的工作所需的时间——十年。《广州大典》是新中国成立迄今我国规模最大的地方文献丛书之一。第一辑共收录广州自 2200 多年前建城直至 1911 年约 2000 位作者的 4064 种文献。第一辑于 2005 年启动，2015 年完成，即民国以前文献收集整理编纂工作共历时 10 年。目前正进行民国时期文献编纂工作，预计也要 10 年左右时间。该书的编纂是广州地方文化建设中的一件大事，涉及大量的专业人员、经费等投入，需要争取各相关方面的支持，因此靠图书馆或文化主管部门的力量难以完成，必须得到主要领导重视、推动才有可能完成。此前广东类似的项目为 130 多年前张之洞主政时推动

---

① 2021 年 3 月 13 日。

编纂的"广雅丛书"。目前我国地方主要领导实行任期制，很多领导五年一个任期结束就会到其他岗位，故即便主要领导支持，也未必能够完成。而机缘巧合的是，该书的成书与其主要推动者——历任广州市委常委、宣传部部长、市长、市人大常委会主任的陈建华履职情况密切相关。陈建华于2005年启动项目后，2007年调任广东河源市委书记，2012年回到广州担任市长，亲自推动项目加快进度。因此，除需10年左右的时间外，领导的重视、推动亦是一个必备条件。

类似的重大项目似乎都需要这么长的时间，也足见文化建设的不易。我亲历的重大工作还有其他三项：①广州图书馆新馆建设项目，从2003年确定意向，2004年政府正式立项，2005年完成建筑设计，2006年奠基，到2012年底交付使用，2013年6月全面对外开放，前后历时十年。②《广州市公共图书馆条例》立法项目，从2006年广州市公共图书馆高级人才研修班期间，时任广州市委常委、宣传部部长陈建华委托中山大学程焕文教授进行科研课题立项研究开始，2007年完成初稿，2008年纳入立法预备项目但中间悄然搁置，2012年陈建华回到广州市任市长推动重启立法程序，2014年完成全部立法程序，2015年实施，前后也历时十年。③广州市"图书馆之城"建设，2012年陈建华市长提出目标，2015年地方立法后正式启动实施，当年底编制实施发展规划，2020年基本完成第一阶段建设目标，主要服务效能指标值提升一倍以上，总体取得显著进展，2021年实现公共图书馆设施在全市乡镇（街道）层面的全覆盖，并延伸到部分社区。预计再用五年时间，完成服务结构优化、资源配置强化、服务效能再提升一倍，主要服务指标值基本达到或接近对标城市（香港、新加坡等）图书馆体系的水平。从 2012 年推动立法到 2021 年完成"图书馆之城"建设第一阶段目标，前后用了十年时间；从 2015 年全面实施"图书馆之城"建设，到建设、服务目标基本完成，前后也需要十年左右的时间。

就国家"十四五"规划及 2035 年远景目标纲要而言，从当前到目标时间节点也就 15 年时间，在全国范围内，要实现公共图书馆服务体系建设、服务均等化的目标，这样一个时长大体是必要的。如果考虑新冠疫情等大的环境背景因素影响，则 2035 年以前总体上完成公共图书馆服务体系重点覆盖到乡镇（街道）的层次，就是一个相对现实但仍需要花大力气推动实现的目标。

大环境与小环境

　　影响事业发展的因素有很多，如果罗列出来，可以有时代背景、发展机遇、社会环境、制度环境、组织文化、事业主体等多个方面。其中时代背景是关键性的因素，如改革开放以来，我们身处一个风雷激荡、各方面事业大发展的时代，在这样的时代背景下，各行各业都可能出现历史性的机遇，抓住机遇就可能实现跨越式发展。除时代背景及其创造的发展机遇之外，最重要的就是环境因素。对中国公共图书馆事业而言，环境因素包括社会环境、制度环境、图书馆内组织文化等。社会环境有相对宽松或板滞，制度环境有相对宽容或严苛，组织文化有相对协作或牵制等区别，对事业发展都会产生明显的影响。

　　2021年以来开始回顾、总结广州图书馆建馆40年来的历史，其中首任馆长卢子辉讲述的，1983年广州图书馆与美国驻广州总领事馆签订的，改革开放以来中国与美国的第一份图书资料供借合同，就是一个社会环境影响事业发展的典型事例。

当时广州图书馆方与美方代表先沟通达成了初步意向，然后图书馆再向主管局领导汇报争取支持，局领导吃惊并甚感兹事体大，但仍然上报市政府争取，时任市长梁灵光积极支持，并上报省和中央，最终得到了各方面批准实施。这一合同的签署，为建馆伊始的广州图书馆带来了非常缺乏的外文图书资料，更重要的是在改革开放初期，为急需获得世界各国发展信息的社会各界人士打开了一扇了解外部世界的窗口。其中如根据托夫勒的未来学名著《第三次浪潮》拍摄的同名纪录片成为当时社会各界了解世界的重要媒介之一。据老馆长卢子辉介绍，当时的省委书记到馆视察并观看了纪录片，随即推荐到省委大院给机关干部们播放；而在馆内可容纳 600 人的报告厅内，前后播放了 600 余场，在社会上产生了广泛的影响，这对于改革开放初期广大干部群体开阔视野、解放思想具有非常积极的意义。回过头看，就广州图书馆与美国驻广州总领事馆签订图书资料供借合同一事而言，成功的原因在于社会环境宽松，各方面、各层面都解放思想，敢想敢干。正是得益于这种社会环境，广州图书馆 40 年来在全国图书馆界屡有创新之举。相应地，整个社会也形成了"有为才有位"的浓厚氛围，广州图书馆也在持续的创新发展过程中争取了越来越多的支持，为今后的发展奠定了坚实的基础。

制度环境方面，对包括图书馆在内的事业单位而言，影响最大的当属人事和编制管理制度。对事业单位而言，管理目标首要激发的是人的主体性和整支队伍的活力，调动全馆同事的积极性、主动性，要解决和避免的是吃大锅饭、人浮于事等问题。事业单位近 20 年来在这方面的改革措施包括全员聘任、绩效分配制度改革等，广州图书馆在人员聘任方面形成的制度是三年一聘、全员竞聘。前者给全馆馆员一个稳定的预期，在一定时间内可以有机会重新选择工作岗位，后者至少引导部分骨干在专业上不断提升自己，并在团队协作上努力争取赢得各方面认同。编制管理方面，国家在这方面政策在不同时期有所不同。有一段时期，国家放开事业单位部分编制管理权限，如内设机构可以根据工作需要设置和调整，对上只需履行报备程序。2009 年以来，广州图书馆编制了三个五年发展规划。我的体会是，如果事业单位有权限，能够根据不同时期事业规划，相应地对内设机构或业务与服务架构进行调整，那么对发展规划的落实一定会起到支撑作用。改革开放以来，尤其是进入 21 世纪以来，社会环境与公众需求变化很大，图书馆也正经历社会功能的转型发展期，因此，如果图书馆有相应管理权限，一定有利于图书馆根据社会发展和公众需求及时、主动地优化公共服务。当然，事业单位编制管理的其中一个主要目标是对事业单位运行成本进行控制，我以为，这一目标实际上完全可以和强化公共服务的目标兼顾。

在组织文化（或俗称单位的小环境）方面，广州图书馆的发展一直得益于团结协作、务实服务的传统。前者可以促使全馆上下心往一处想、劲往一处使，党政工团齐心协力，形成合力，聚焦并做好公共服务；后者使全馆聚焦于读者与社会需求、聚焦于有效的服务，务实不务虚，专注服务，不搞形式主义，不搞花架子。此种务实作风，实际上也是岭南这片土地上的人文风气，与图书馆等专业机构在新时代为推动高质量发展需要崇尚、倡导的专业主义，在性质与气质上是一脉相承的。

事业发展"三支柱"

改革开放以来，中国经济发展长期有投资、出口、消费"三驾马车"之说。参考其表达法，我近年来多倡言中国公共图书馆事业发展"三支柱"说，即如果将全国性或区域性的公共图书馆事业发展看作一座宏伟大厦的话，那么"需求""保障""服务"就是支撑这座大厦的三根柱石。其中"需求"对事业发展发挥牵引作用，是事业发展的内驱力；"保障"对事业发展所需的人、财、物等要素投入发挥保障作用；"服务"包括管理、运营和具体服务等。从几何学理论来讲，三支柱支撑的平面是最稳定的平面。这"三支柱"支撑起事业稳定、可持续发展的局面，缺少任何一支柱都会造成事业大厦的坍塌。

"三支柱"分别对应相关主体。需求的主体是社会公众，具体包括个体、群体、组织、社区、政府等。我常想，作为当代中国的图书馆从业人员，我们是幸运的，因为我们身处一个公众需求强烈、喷涌迸发的时代，这使图书馆事业的发展具有了充分的合理性，也使图书馆职业价值得到了最充分的体现。公共图书馆作为主要靠公共税收支持的基本公共服务机构，保障的主体首先且主要是政府。政府投入图书馆建筑及设备设施、人员编制与人力资源、经费预算、法律法规与政府规章等事业发展诸要素。保障的主体当然还有各种社会主体、市场主体，其中包括公众个体如志愿者、各种公益慈善组织和企事业单位等。改革开放以来，在各级政府的重视、支持和保障下，公共财政投入持续大幅增长，公共图书馆事业已经历了三轮建设高潮。当然，在不同的地方，因为经济发展水平、历史文化传统等各不相同，政府保障和社会主体参与的情况差别很大。服务的主体主要是图书馆，图书馆员利用自身的专业知识、技能，将政府投入保障的要素转化为空间、设备设施、文献信息、人才等资源，以满足社会公众的知识、信息与文化需求。当然，各种社会主体作为图书馆的合作伙伴，也越来越多地参与到图书馆的服务、管理和运营中。

从图书馆管理者的立场来说，基于事业发展"三支柱"的认识，我们可以将管理的着力点，首先放在引领、识别社会公众需求，其次将政府保障和社会参与要素转化为图书馆资源与服务，再次将公众需求与图书馆资源、服务更好地对接起来，尽可能地提升服务效益和社会影响，以进一步争取更多的政府保障和社会支持。当然，在一个公众需求勃发，并越来越高级化、多样化、个性化的时代，同时又面对疫情影响、经济下行造成公共财力弱化、社会资源紧缩的挑战，图书馆人首要的责任，是用有限的投入争取实现最大的服务产出和服务价值。

疫情过后会有文化危机吗？

　　2021 年 8 月，中央文化体制改革和发展工作领导小组办公室向社会公开征集文化强国建设的意见和建议，本人不揣浅陋，提出了大力发展公共图书馆事业的建议。其中，论及事业发展的现状与存在的问题，本人特别提出，在基层体制改革过程中，不少地方存在文化阵地弱化、虚化甚至丢失的现象。如一些地方取消了乡镇（街道）文化站的设置，相应的职能包括公共图书馆服务调入了党群服务中心、工会服务平台、退役军人服务中心、家庭综合服务中心等。名不正则言不顺，言不顺则事不成。如果阵地没有了，当然无法实现公共文化服务保障，文化强国建设自然更无从谈起。由此可能产生的影响和危害，既包括社会转型期矛盾多发、国家对基本社会保障尤其是弱势群体的社会保障不足等，也包括对公共文化服务重视不够等，致使文化投入保障不足、公共文化阵地功能不强，缺乏科学普及、人文素养培育等方面的文化服务活动，健康的公共文化服务供给不足。一方面，广大人民群众有精神文化方面的明确、旺盛的需求；另一方面，常态的健康的公共文化服务供给又跟不上，因此让有害的封建迷信活动等获得了可乘之机。进一步想，改革开放以后，随着经济的迅速发展，公众有越来越多的精神文化需求，民间有相当多的公众愿意将其财富积累用于参与社会性、非营利性的活动。这里引申出的问题是，我们能否积极引导公众捐建图书馆等公共文化设施？

对此类问题，我的忧虑是，从 2020 年开始，突如其来的新冠疫情成为公共卫生危机以后，会有文化危机吗？本人以为，这样的风险是存在的。除了文化阵地丢失的问题，以公共图书馆为例，目前存在的比较突出的问题还有：

受疫情影响，各级政府对公共图书馆的财政投入大幅削减，这种情形预计会持续几年时间。同样主要受疫情影响，公共图书馆体系服务效能同比大幅降低。其结果是，公共图书馆体制实际上不能发挥出应有的作用。另外，人力资源投入保障机制缺失。最近十多年来，比较公共图书馆事业各主要指标，可以清晰地看到，人才队伍建设是明显的短板。我们选取 2004 年至 2019 年 15 年间全国公共图书馆主要指标数据进行比较，可以发现，从业人员、建筑面积、总藏量、年新增藏量、财政拨款、新增藏量购置费、总流通人次、书刊文献外借册次等八项重要指标，15 年间分别增长 18%、172%、141%、469%、671%、363%、308%、231%，其中从业人员数量仅增长 18%，是事业发展中明显的短板，而且其中 12% 是 2012 年以前的增长。然而同期公共图书馆数量由 2720 个增加到 3196 个，公共图书馆建筑面积由 625.1 万平方米增加到 1699.7 万平方米[①]。而据初步估计，随着服务体系建设的推进，公共图书馆事业至少还需要投入 8 万—16 万从业人员。

当然，从总体上来讲，自改革开放以来，尤其是进入 21 世纪以来，我们在公共图书馆权益保障理念、免费开放保障、社会参与治理、法律法规政策保障等方面都取得了长足的进步。2010 年以来，我国在公共图书馆服务体系建设方面取得了重大的进展，截至 2021 年，全国共有公共图书馆 3215 个，共有公共图书馆分馆 43603 个。但我们也要清醒地看到，与当今世界上公共图书馆发展水平最高的美国相比，我国公共图书馆事业无论是投入还是服务水平都较低。根据美国公开发布的 2017 财年数据，我们对 2017 年中美两国公共图书馆的投入与服务水平进行比较，以人均经费投入、人均访问量、人均文献外借量、每万人年均参加读者活动数等四项指标为例，中美两国分别为 12.39 元、0.536 次、0.3963 册次、637.14 次和 42.34 美元、4.2 次、6.9 册次、3787 次，美国分别为中国的 23.1 倍、7.8 倍、17.4 倍、5.9 倍。因此，我国公共图书馆事业仍然需要大幅增加投入，以提升效能。

根据《中华人民共和国公共文化服务保障法》，我国公共文化服务体系包括十七个领域，其中公共图书馆体系因其围绕

---

① 数据来源于：国家图书馆研究院编《2019 中国公共图书馆事业发展基础数据概览》。

公众最基本的知识、信息与文化需求，服务可以覆盖所有公众，即服务面最广，所以，公共图书馆体系在公共文化服务体系中公共性、包容性最强。也因为公共图书馆是一项全球性的事业，很大程度上可以通过标准化建设实现普遍均等服务，所以可以认为公共图书馆体系是公共文化服务体系中最为基础的、主要的部分。公共图书馆体系发挥的作用正如地铁在城市公共交通中发挥的作用一样，是公共交通网络的骨干、骨架部分。也可以说，公共图书馆体系立起来，国家的公共文化服务体系的骨架就立起来了。但公共图书馆体系的服务水平与公众的需求水平的差距如此巨大，而且在服务体系建设的过程中，我们又面临巨大的困难，如人力资源投入和人才队伍建设方面面临体制上的困难，如果国家不下定决心解决这些问题，那么公共图书馆体系就难以从实质上得到完善并发挥作用。而如果公共文化服务普遍面临困难，公共文化供给有限，与公众的精神文化需求脱节，那么社会的文化危机就绝非危言耸听。这也可以理解为"盛世危言"吧。希望全国上下包括图书馆界共同努力，早日找到应对之策。

理念、使命与功能

图书馆是稳健的建设者

　　图书馆是社会大系统的一个组成部分。在迅速发展变化的社会中，图书馆对自身的角色应该有一个基本的定位。我一直认为，图书馆应该充当社会的稳健建设者角色。这里有两方面基本内涵：一是图书馆作为机构，是社会的一个有机体，必然有自己的思想和行动，尤其是我们身处改革开放的大时代，必然要有态度、有所选择。这个态度应该是积极的参与者、建设者的态度，而不应该是无感的或是漠然的，不应该是旁观者、无所作为者，更不应该是社会中的保守派。二是图书馆履行职责、发挥作用的方式已经不再局限于传统的文献服务，而要越来越多地举办公益性的讲座、报告等活动，这时必须考虑选择活动要有一定标准，首先要有一个基本的倾向。

　　广州图书馆于 2007 年开始设立常态化的每周一期的公益性讲座——"羊城学堂"，以知识性、思想性、普及性、互动性为主导，作为图书馆履行传播知识、传承文明的基本使命的一个新项目。而此前，广州图书馆已陆续举办"广州文化讲坛""广州讲坛"等公益讲座，同一时期，省委、市委宣传部门，社科联，南方都市报社，广东省立中山图书馆，越秀区图书馆等很多主体都在举办各种各样的公益性讲座。要举办讲座，就有主题、嘉宾选择与政策的把握等问题，因此，图书馆必须对自身举办的讲座有一个基本的定位，再以此定位进一步明确若干具体标准。当时广州图书馆经过讨论明确了自己的定位，作为稳健的社会建设者，既要通过服务积极推动国家发展、社会进步，又要自觉在国家法律政策的基本框架内、在自己能力范围内（包括请教相关部门和专家）行事，而且还要考虑活动的成本，尤其是作为常态化活动的成本必须是可控的、可以承受的。当时，我们意见很明确，图书馆与大众媒体举办的活动就应该不一样，大众媒体有更高的政策敏感度及把控能力，有更充足的社会资源，因此，他们可以选择一些社会关注度更高的公共话题举办公开讲座或交流活动，相对而言，图书馆可能就不宜进行这样的选择。这个基本定位一直指导着广州图书馆以后的活动。广州图书馆自 2012 年新馆开放后，已将活动作为服务结构中的一个新的基本组成部分而大量开展，并且不断拓展活动范围，包括阅读推广活动、文化交流活动和更广泛的公共交流活动，数量也从一年数百场增加到超过 4000 场，并且带动全市公共图书馆体系一年举办活动超过 18000 场。广州图书馆新馆近十年的实践也证明，我们确实因合适的定位、大量的活动，对国家发展、社会进步发挥了积极的作用。

图书馆的职业哲学

　　任何一个职业都有职业哲学，它决定着从业者对职业性质、使命、价值观等根本问题的看法。于良芝教授在《图书馆学导论》中对图书馆的职业哲学有非常好的概述，本人试以此为框架，结合实际，提出个人的一些思考。

　　理想主义。受柏拉图理想主义哲学思想和近代启蒙运动的影响，理想主义哲学思想对知识、图书、阅读以及图书馆对于人类文明和社会进步的价值充满了坚定的信念；认为好书和阅读活动可以净化人的心灵，使人达到更高、更完美的精神境界，从而达到社会教化的目的；图书馆必须不遗余力地培养社会成员的阅读习惯。理想主义的代表人物是被誉为"公共图书馆运动精神之父"、促成英国国会 1850 年通过世界上第一部公共图书馆法的爱德华·爱德华兹（Edward Edwards）。爱德华兹活跃的时代，英国受工业革命后国力迅速增强的鼓舞，同时也受启蒙运动思想的影响，正在推动各方面的社会改革。爱德华兹坚信图书无论对于受过教育或没有受过教育的人都有开启智慧、愉悦心灵的作用，图书馆因此具有提升国民素质、促进社会进步的内在价值。中国改革开放的社会背景与彼时英国工业革命的社会背景有诸多相似之处，在类似的背景之下，推动公共图书馆事业发展的动机也有诸多相似之处。改革开放以来，中国公共图书馆事业迅猛发展，确实带有强烈的、浓厚的理想主义的色彩。当然，中国传统向来重视文以载道、以文化人，当前也特别强调图书馆是"滋养民族心灵、培育文化自信"的重要场所，这也是理想主义哲学的直接体现。美国著名的图书馆学家杜威同样认为，好的书刊对于心灵有净化作用，对于智慧有开启作用，图书馆有社会教化功能，图书馆对社会进步负有神圣的责任。美国图书馆学家、芝加哥大学图书馆学院的代表人物之一巴特勒教授基于同样的职业哲学，认为图书馆员对真理、公正和美应该具有根深蒂固的忠诚。我国著名图书馆学家杜定友、刘国钧两位先生的思想也更多偏向于理想主义的哲学思想。中国当代图书馆仍然强调图书馆作为社会教育机关的功能，并且在近十多年来大力推进阅读推广服务，倡导全民阅读，这些都是理想主义哲学的生动体现。

自由主义。更加关注个人的需求和权利，认为社会中的个人享有从图书馆获取所需文献资料的权利，有能力判断资料的价值，并为自己做出明智的选择。图书馆要向用户提供尽可能广泛、全面的文献、知识和思想，且不受馆员个人倾向的影响。这种哲学的代表人物有 20 世纪 30—40 年代英国最有影响的图书馆活动家麦克考文。他认为所有的人都有权按自己的意志安排生活，都有能力为自己的需要做出适当的选择，包括文献资料的选择，因此，图书馆员的职责是最大限度地扩大人们的选择范围。"二战"以后，对德国法西斯思想控制后果的反思，促使美国图书馆协会 1948 年采纳《图书馆权利法案》，并将信息自由的原则确定为图书馆职业的最高原则。联合国教科文组织和国际图联发布的《公共图书馆宣言》（1994 年版和 2022 年版）所倡导的自由、平等、免费的理念也承继了这一思想；2004 年以来中国图书馆界推动的 21 世纪"新图书馆运动"，传播、倡导的主要也是《公共图书馆宣言》的理念。21 世纪"新图书馆运动"与当代中国社会领域的改革相结合，直接促成了公共图书馆免费开放政策的实施、公共图书馆法对公众基本文化权益的保障，以及公共图书馆服务体系建设的全面推进。2008 年，广州图书馆开始推进数字资源外网服务，主要目标即是保障用户自主利用资源的权利，在当时这也有别于另一种主流方式，即通过馆员提供参考咨询服务实现数字资源的远程传递。2021年广州数字图书馆服务已经达到 1.5 亿篇（册）次数字资源的下载、浏览量，这是参考咨询服务方式在效益上所无法比拟的。

功利主义。此处"功利"并无贬义。这一哲学思想认为图书和图书馆的根本价值在于能满足个人和社会的需要。对知识、信息的需求是个人和社会的基本需求，为满足这一需求，社会建立了不同的信息交流体系，图书馆是其中之一。图书馆的职责在于保证信息交流的高效进行，使图书馆、图书、知识、信息发挥它们的最大效用。美国著名图书馆学理论家谢拉的社会交流论、中国学者宓浩的知识交流论、印度阮冈纳赞的图书馆学五定律等都是功利主义哲学的代表，中国著名图书馆学家黄宗忠先生也是这种哲学的代表人物。20 世纪 50—70 年代，知识和信息逐步被视作最重要的社会资源，同时随着情报学的兴起，部分图书馆员更加关注知识、信息和图书馆在满足人的交流需要方面的功用。谢拉认为，图书馆是社会建立的、满足人的交流需要的工具，而交流是个人和社会的基本需求，因而图书馆是对个人和社会有用的机构。著名的图书馆学五定律第一条就是：书是为了用的。从中国图书馆事业实践看，20 世纪初从西方引入公共图书馆制度的动机，既有众多有识之士倡导的教育民众、开启民智、救亡图存的目的，也有晚清政府推动宪政改革的考虑。但应该说，两个方面的动机都是功利主义的。20 世纪 80 年代中国图书馆事业最重要的变化就是解决"藏"与"用"的矛盾，由重视收藏转向以利用为主，图书馆开架借阅逐步成为主流方式。当今政府和图书馆界都在强调提升公共图书馆服务效能，其哲学基础也是功利主义。本人还认为，当代图书馆强调自身作为社会公共空间的新功能、强调转型发展，其核心即在于强调公共交流功能。公共交流理论与社会交流论、知识交流论等相关理论是一致的，对职业的基础理论可以进行整合、重构。

新自由主义。这种思想产生于 20 世纪 60 年代以后，受新自由主义政治哲学和政治领域新公共管理运动的影响，认为在一个以知识为基础的信息成为主要经济资源的信息社会，信息的商业价值、信息交流的市场机制、版权人的版权保护等应得到承认。图书馆实践领域的有偿服务、信息开发等活动都是这一哲学思想的反映。20世纪80—90年代，中国在改革开放初期普遍开展"以文补文"、有偿服务，其中既有政府财政保障不足的原因，也有新自由主义的思想根源。

后现代主义。受后现代主义哲学、20世纪60年代以后西方社会的文化和思想的影响，在认识论上反对唯物主义和传统物理科学的研究方法，否认客观真理的存在，否定知识和真理的中立性，在文化领域强调特殊性、多样化。对图书馆职业而言，则认为知识和信息从根本上来说是主观的，知识不是客观世界的真实反映，反对传统图书馆将知识载体当作实物进行分门别类组织，否定图书馆员有资格或有能力指导用户的信息利用与阅读。因此，图书馆员在文献收集时要忠实于用户的需求，而不依赖自身的职业判断力；在情报服务中，要关注每一位用户的个性化需求。这种哲学，本人理解，比较多地影响了图书馆在多元文化领域的观念和服务。

从有现代图书馆和图书馆职业的那一天起，图书馆职业哲学就一直在不断演化。发展到今天，我们也看到，图书馆实践领域实际上受到了各种哲学或多或少的影响，处于一种多元并存的状态。我们需要以一种多元、包容的立场来看待图书馆职业哲学。

图书馆是理想国

图书馆是一个什么样的地方？

很多人，包括图书馆人经常引用阿根廷国家图书馆前馆长、作家博尔赫斯的名句，"我常在心中暗想，天堂一定是图书馆的模样"。

博尔赫斯应该是基督徒，天堂于信徒而言，是有福的地方，故他想象的图书馆是一个天上福地。然而如果有的读者不信教，那么他心目中的图书馆是一个什么样的地方呢？我是一个图书馆员，我也经常思考这个问题，如果不谈宗教，图书馆可以有一个什么样的人人熟知而又认可的形象？

以前我与人交流，常说图书馆员是一个理想主义者的职业。近日重读于良芝教授的《图书馆学导论》，深为认同其关于理想主义、自由主义、功利主义、新自由主义、后现代主义等职业哲学演化的归纳。结合于教授的论述深入思考，对前说内在的合理性有豁然开朗之感。职业哲学有时代性。我们这一代是在改革开放以后成长起来的图书馆员，深受积极、乐观、向上的时代气质的影响，总希望通过我们的职业努力为个人追求幸福生活、人类文明和社会进步发挥积极的作用，深信理性、知识、科学、阅读对个人发展和社会发展有内在的价值，深信读书育人、以文化人，通过倡导公众多读书、读好书，图书馆可以发挥社会教化的作用。正是基于这样的信念，图书馆界的有识之士积极倡导新公共图书馆精神，倡导图书馆为民众服务；正是基于这样的信念，图书馆人通过参与立法、与社会力量合作等途径，不遗余力地推进公共图书馆服务体系建设，让公共图书馆可以遍布城乡各地。这个时代的中国图书馆员最大的理想莫过于收集古今中外所有的书刊文献、让所有的书刊文献都能自由地为读者所利用、让所有的民众都能享受到图书馆的服务，不遗余力地倡导全民阅读，倡导读书好、多读书、读好书，通过读书实现人生圆满与精神幸福，通过阅读改变一个人、一个社区、一座城市的精神气质。

因此，对一个理想主义者来说，我想象的图书馆就是一个所有人的理想国。"理想国"一词有许多人熟知的哲学意义，最早由柏拉图想出，代指一个理想与理念的世界，其被赋予了一切理想主义的最美好的愿望。图书馆作为人类思想和文明成果的结晶，很大程度上就是一个理想与理念的世界。这是一个古希腊哲学的"哲学王"的世界，也是一个先秦儒家的"内圣外王"的世界，东西方思想以及所有人类的思想可以在这里交汇，达成关乎全人类福祉的共识。我以为，现代人的职场主要关乎理性，家庭主要关乎情感，社会主要关乎伦理，而家庭中的书房和社会中的图书馆主要关乎精神。对于一个家庭，最美的装饰是图书，最温馨的时刻是亲子共读的时光；对于一个社会，最美的艺术品是图书馆，最美丽的风景是一群正在读书的人。

当然，我在这里同样希望借用"理想国"这个词的字面意思并进行引申，即是一个人人可以自由自在、自主选择，所有的人类知识和文明成果都能够被利用，人人能够通过知识实现人生理想，通过"巨人"的肩膀实现创新创造，通过阅读享受闲暇时光，通过与智者的对话获得精神幸福，通过理性的交流分享实现人与人之间的和谐包容，使我们共处的空间、社区、社会洋溢着真善美并臻于至善。这样的一个理想国，正是理想主义的图书馆人想象、向往和致力追求的理想境界。

理性与包容

　　2015 年后有一段时间，广州曾打算申办国际图联年度大会，也做了一些准备工作，后因一些原因而放弃申办。在那以后，结合在图书馆国际交流中碰到的其他问题，我不时在想：当代迅速成长、取得辉煌成就的中国公共图书馆事业本应加强国际交流与合作，一方面广泛吸收国外先进的理念和经验，为我所用，以推动我国图书馆事业的发展，另一方面，对外交流的过程也是对外宣传的过程，可以从图书馆的角度多讲"中国故事"，让国际图书馆界更多了解中国图书馆事业的发展和进步，进而对中国有更广泛的了解、理解和认同。从国际图书馆界的立场，国际图联无论主席还是秘书长近年多次到访中国，参与中国图书馆年会等行业活动，实际上也非常希望拓展与中国图书馆界的交流与合作。但因为图书馆界对外交流除图书馆外，还涉及多个主体，需要综合考虑意识形态等因素，产生的结果是，在图书馆行业组织层面，中国图书馆界难以大规模参

与国际交流，故而也难以增加中国图书馆界的声音、扩大中国
图书馆界的代表权；在个体图书馆层面也难以经常性地开展对
外交流与合作。这就给我们提出了问题：如果认同对外交流是
有益的这个基本前提，那么如何打破当前这个局面？思之再三，
唯有求同存异，或者说，在国际交流中，大家都避开或淡化意
识形态问题，尤其对国际性或区域性组织而言，唯其如此，国
际图书馆界与中国、与其他众多持不同意识形态的国家图书馆
行业的常态化交流或许才能成为可能。

从世界范围内看，意识形态领域的分歧，一直伴随人类文
明之始终。2000 多年前，即使在古希腊城邦内部，也有雅典与
斯巴达之分，而在国际上，则有持续的希腊与波斯战争，这不
仅仅是近代工业革命以后才出现的东西方国家之间的区别，实
质上是偏重海洋贸易的城邦国家和大陆帝国之间的区别。这种
区别一直持续到现在，在可预见的将来，也不太可能消除。

国际图书馆界倡导的价值观集中体现在联合国教科文组织
与国际图联共同发表的《公共图书馆宣言》中，总体而言，图
书馆界容易理解、认同，图书馆行业以外主体对个别理念的理
解会存在歧义。为避免纷争及相应的难以实现广泛交流的结果，
我们可以集中在相对中立、更为底层、无关社会制度的理念层
面——我以为，我们可以选择的不涉及不同文化之间纷争的理
念可以是理性、包容。

为何是理性？理性概念的形成由来已久，也发展出了丰富的
内涵，但对于其最基本的含义大家有着广泛共识，包括：①理性

是指人的认知能力，是人区别于动物的思维能力，是知识的主要源泉之一。在知识论或认知论的讨论中，以笛卡儿为代表、坚持直觉与推理重要性的理性主义认为理性是知识的来源；②以洛克为代表、坚持观察与实验重要性的经验主义也承认理性在认知过程中的重要作用；③康德站在批判理性的立场上，认为知识只有通过结合先天直观与知性概念和经验材料才是可能的。我的理解是，近代以来自然科学、社会科学的发展基于经验主义更多，而人文学科的发展更多地基于理性主义。无论如何，理性作为知识的来源或主要来源之一，与以传播知识为基本职能的图书馆密切相关，是图书馆概念体系中与基础功能相关联的理念之一。

理性是当代各国人民看待国际事务也是当代中国人民看待广泛的社会问题需要倡导的基本态度。理性态度意味着冷静、客观、实事求是、克制，与中国传统文化倡导的克己复礼颇为类似。当今国际形势纷繁复杂，各国各有其历史、文化和社会制度，只有理性认识，互相尊重，才有可能共同建设一个美好的人类家园。费孝通倡导各美其美、美美与共就是一种理性的态度。在中国范围内，自改革开放以来，随着经济的迅速发展，多种所有制并存，逐渐形成了各种社会群体，他们的立场、利益诉求各不相同，面对各种发展中的问题，看法当然不尽相同，且难免感情用事、冲动、情绪化。这些都是社会转型期的正常现象。因此，无论是建设和谐社会，还是追求共同富裕，可以预见，在一段相当长的时间内，中国社会各种主体都需要共同倡导理性的态度。对于图书馆而言，其作为社会的公共空间之一，交流是其基本职能之一，只有始终着眼于理性的交流才可能维持图书馆作为公共空间的存在。

理性是中国传统文化中基本的也是主流的人文精神。对于以孔子为代表的先秦儒家倡导的理性主义精神，李泽厚先生概括其基本特征为，怀疑论或无神论的世界观和对现实生活积极进取的人生观。这种理性突出体现为实践理性，即把理性引导和贯彻在日常现实生活、伦常感情和政治观念中，而不作抽象的玄思。我以为，这种理性主义也可以在很大程度上理解为现实主义。这是中国人区别于外国人、汉文化区别于其他民族文化的根本特征。相当长一段时期以来，颇有些国人以吾国人无宗教信仰为憾，殊不知这正是中国人的精神底色，而且正如马克斯·韦伯所论新教伦理，同样有利于推动商品经济的发展。广东人一向被认为开放务实，我以为，这就是典型的理性主义。

理性也可以说是公共图书馆的基因。现代公共图书馆制度170多年前在英国产生的时候，基本背景是工业革命基本完成、各项社会事业持续推进，发展公共图书馆事业的基本目标是要提高国民素质、弘扬人类理性。120年前公共图书馆制度引入晚清中国时，当时的有识之士提出的基本目标是"开启民智"。新中国成立以后尤其是改革开放以来，随着图书馆等公共事业特别是教育事业的发展，国民智力水平显著提升，但社会教育仍然是公共图书馆的基本职能之一。在当今图书馆的服务中，我们强调要以人为本；在推进新的功能转型中，我们强调要建设以人为中心的图书馆；而在更广泛的社会意义上，我们认同国家的现代化是人的现代化、人的全面发展。这需要我们思考：如果从服务于人的全面发展的层面，图书馆职业具体要服务什么？我以为，最根本的在于服务于人的理性的成长，即让人自觉之所以为人，人有别于动物，自己有别于他人。可以说，理性作为基因存在于公共图书馆整个发展过程中。

为何是包容？包容在理念层面的意义，与理性有颇多相似之处，从历史发展的角度看存在因果关系，从社会运行的角度看则存在互为因果关系。但此处我想强调的是包容在世界各国公共图书馆具有共性的功能与服务层面的意义，即图书馆功能、服务对象、服务内容、服务方式等各方面的包容性，这是公共图书馆区别于其他公共文化机构的最主要特征。图书馆兼有知识、信息、文化、交流等功能，同时作为一个"生长着的有机体"，其能持续发展新的功能。我们普遍认同，公共图书馆正处在转型发展过程中，图书馆服务的逻辑基础由以书为中心转向以人为中心，围绕"人"这个中心与起点，利用各种资源，服务于人的知识、信息、文化、交流的需求，服务于人的成长和发展、自我实现的需要。从服务对象的角度，公共图书馆服务所有的公众群体。从服务内容的角度，可以说，人类知识的内容有多广泛，图书馆的服务就有多广泛。从服务方式的角度，有文献服务、阅读推广服务、展览、讲座、报告、沙龙、真人书、实体服务、虚拟服务等，图书馆不排斥任何方式或手段。包容性是图书馆区别于博物馆、美术馆、文化馆、科技馆等其他公共文化机构的最鲜明的特点。

职业理想与专业坚守

　　图书馆人的职业理想和专业坚守是图书馆发展的内在条件。对于广州图书馆来说，我们有一支热忱、奉献、协作、务实、专业的图书馆人队伍。图书馆职业本身具有强烈的理想主义色彩，尤其是处在改革开放的时代。图书馆行业也是一个服务性行业，唯有踏实工作，日积月累，才能形成良好口碑。20世纪80年代广州图书馆初创时，我们的队伍人员来源广泛，三位馆领导均来自书店，工作人员有来自广州农民运动讲习所的讲解员、向社会公开招考的年轻人以及其他文化单位安排不了的人员，还有一批原广州幻灯制片厂的工作人员。这支队伍远谈不上专业，但我们的前辈们以经营书店的理念经营图书馆，以最质朴的"一切为了读者"为服务宗旨，热忱、奉献、开拓进取、敢想敢干，形成了特色鲜明的"开放办馆"的管理理念并始终秉持，故屡有创新又顺应公众需求之举。开放办馆、服务立馆以及馆员队伍的团结协作、务实服务一直是广州图书馆的优良传统和文化基因，我很高兴，我们一直在传承。

随着现代公共图书馆运动进入中国已有百年，中国图书馆界开启了一场声势浩大的理念变革，掀起 21 世纪"新图书馆运动"、倡导"公共图书馆精神"、图书馆权利、职业道德、核心价值观，整个图书馆界的职业理念为之一新。对广州地区图书馆界而言，特别难得的是，2006 年、2007 年由广州市委宣传部牵头，会同市文化局、中山大学图书馆、中山大学资讯管理学院、广州图书馆，连续两年组织两期"广州市图书馆人才高级研修班"，每期近三个月，研修形式包括专家报告、专题讨论、学术参访，由中山大学程焕文教授主持设计研修内容，由谭祥金教授、赵燕群教授负责学习组织和学术参访，延请当时中国最活跃的一批专家，如程焕文、李国新、范并思、蒋永福、吴建中、倪晓建等，以及国外的专家学者作学术报告，参访珠三角、长三角等地区最有代表性的图书馆。两期研修班参与学员约 70 人，其中广州图书馆占了多数，骨干人员几乎全部参与。两期研修班为广州图书馆及广州市图书馆服务体系建设奠定了思想与人才基础，意义深远。此后经历地方立法的讨论并正式纳入法律条文，开放、平等、公益、公民文化权益保障等理念更加深入人心。2009 年开始，广州图书馆先后组织编制了三个五年发展规划，其中愿景、理念、使命是核心内容，经过反复研究、讨论、实践，到"十四五"时期，我们形成了"理性、开放、平等、包容"的理念，树立打造"体系中心、知识平台、学习平台、文化平台、交流平台"的使命，可以说，广州图书馆的馆员队伍可以称得上是我国图书馆界职业理念最为坚定和清晰的群体之一。2010 年文化部在全国推进公共文化服务示范区建设，2011 年全国全面推行公共图书馆免费开放，开启了公共图书馆平等服务的新时代。无论就图书馆行业，还是广州图书馆，理念变革和职业理念的塑造都成为鲜明的时代特征之一。

在新的发展时期，随着馆员素质的提高，以专业化服务与管理推动发展成为新的特点。广州图书馆在编制完成《广州图书馆 2016—2020 年发展规划》（又称广州图书馆"十三五"发展规划）以后，配套编制了一个人才队伍建设规划，其中提出了两个 30% 的目标，即到"十三五"期末，研究生以上学历层次人员、图书馆学情报学相关专业背景人员均达到 30%，从结果看，我们基本实现了这些目标。同时广州图书馆根据社会功能、服务内容的多元化、多样化，提出了馆员多元学科专业背景等目标；将一个内设机构职责转化为以支持馆员专业发展为主；支持馆员开展学术研究、交流，经常性地开展国内外学术交流活动；支持馆员参与图书馆学专业硕士学习；学习借鉴程焕文教授在中山大学图书馆推行的政策，鼓励业务工作专业化、专业工作学术化，拿出专项经费支持三个系列丛书的学术出版等。通过系列措施，推动馆员专业化、职业化水平的提升，并已初见成效。其中一个核心指标，如馆员学术论文发表方面，广州图书馆在全国公共图书馆界位居前列。

对事业发展来说，抓住机遇比解决问题重要，但当机遇来临时能否抓得住，则是另一回事。近二十年来，国内兴建了一大批新图书馆，但能抓住新馆机遇实现跨越式发展、转型发展的仍是极少数；全国也有若干地方推动了地方立法，但能抓住地方立法机遇，实现兼具时代性、科学性、可行性，并能解决事业发展实质问题的立法仍属个别情况；并以政策保障制度为框架，兼顾建设与服务，推动建设专业化的公共图书馆服务体系的地方，也是极少数。我想，对广州图书馆而言，新时期的发展固然首先得益于城市文化建设提供的历史性机遇，但也正因为有一支热忱奉献、开拓进取又日趋专业化的队伍，才使我们得以抓住机遇，充分地利用机遇促成跨越式发展。专业化的支撑，使广州图书馆较好地实现了转型发展和地方立法、城市图书馆服务体系建设两大时代使命。正因为有一支专业化的队伍，我们可以通过科学研究和专业实践不断提升我们的认识水平和服务水平，使我们的发展可以领先一步，走在行业发展的前列。这方面以新馆转型发展为代表，在社会功能方面由传统图书馆转型为社会公共空间，形成以人为中心，以人的知识、信息、文化、交流、参与需求为中心，以传统文献与知识服务、阅读推广活动、文化交流活动、社会交流活动构成的逻辑完整、有机联系的多样化服务结构。正因为有一支专业化的队伍，我们可以守正创新，在继承传统时态度鲜明、一以贯之，在推动创新时大胆开拓、理性务实，在面对质疑时从容淡定、进退有据。广州图书馆在新馆开放服务以来，遭遇过两次重要质疑：一是对免押金注册政策的质疑，理由包括公众信用不足、国有资产管理责任缺失，但我们在推出政策之前进行了深入研究，深信这是发展方向无疑，事实证明我们的判断是对的。二是在服务多元化后阅读环境相对嘈杂，希望回归传统图书馆相对安静环境的诉求和质疑，其中也包括对未成年人与成年人的服务设计在同一空间导致对阅读环境影响的质疑。我们经过研究，坚持服务优先于环境，需求优先于环境。如果说规划引领发展是广州图书馆发展的新特色，那么热忱、奉献、协作、务实、专业的馆员队伍就是广州图书馆发展的基石。当然，我们的发展还得到了职业共同体的强有力支持。广东图书馆事业在改革开放以后形成了比较强的专业力量，包括中山大学、华南师范大学等领先的图书馆学教育科研机构，区域图书馆事业的"领头羊"——广东省立中山图书馆，以及深圳、东莞、佛山、中山等地当代发展较好的城市图书馆等，这些机构及其汇聚的一批名家、专家、馆长、骨干，同声相应，同气相求，互相激励，共同进步。我们还通过组织高频度的学术交流，开阔专业视野，最大限度地吸收来自国内外图书馆界的最新理念和经验。

职业理想与专业坚守的主体是图书馆员。从管理的维度看，职业化、专业化的馆员队伍是需要培养的。相关的要素包括：地方人文环境，国家对图书馆等事业单位的人事管理政策，图书馆作为组织的组织文化，人才队伍规划及其中的人员队伍结构设计，专业教育与继续教育，各种推进馆员专业化、职业化成长的支持制度与措施等。广州图书馆的实践探索为业界提供了一些参考。

图书馆职业的意义在于当下

　　毫无疑问，我们生活的时代是一个大变革、大变化的时代。中国的改革开放改变了整个国家的经济社会形态，我们从传统的农业社会、工业社会走进了现代社会、信息社会、知识社会，全球经济体系的分工和经贸文化交流、互联网的发展推动这个世界进入了全球化时代，而大国竞争、新冠疫情、俄乌战争等大事又推动了逆全球化的浪潮，如此等等。因此，变化与应对变化，似乎总是我们这一代人要面临的问题。

　　我们的图书馆职业也似乎同样如此。20世纪80年代我们还在读大学的时候，兰开斯特对无纸化社会的预言就是图书馆学专业的师生热议的话题；互联网的迅速发展极大地影响了图书馆作为社会的知识信息媒介的地位，与实体图书馆相对，陆续出现了电子图书馆、虚拟图书馆、复合图书馆、网络图书馆、数字图书馆、智慧图书馆等各种新的概念与功能；图书馆学专业名称也多次讨论，并最终被更名。一段时间，图书馆行业的从业人员，尤其年轻人，也包括在读的、面临是否要进入图书馆这个行业的学生，经常在讨论这些问题。

对图书馆人而言，图书馆职业的意义在当下。首先，在一个快速变化的时代，这或是一个个体或人类群体安身立命的积极态度。这方面没有对错，只有选择，我们可以选择以积极乐观的态度去看待变化、看待发展、看待未来。以我们个体的生活经验看，三四十年前，我们恐怕没有人能够预见我们现在的生活方式、生活形态、生活水平。同样，20世纪80年代的图书馆人，恐怕也难以预见今天图书馆的发展。我们只需做好今天的事情，只需应对好当前的问题，只需对我们认知可及的未来做好准备，如此即可。活在当下——这是我们可以选择的一种积极的生存哲学。

其次，对图书馆职业的愿景——"传承文明，服务社会"，即致力于保存人类精神文明与文化成果，致力于服务人们的知识、信息、思想与文化的需求——无论人类生存技能如何改变，无论社会存在形态如何演变，作为人文性质的愿景实际上是恒久不变的。这不仅是图书馆职业的愿景，实际上也是人类社会的愿景。只要有这样的愿景存在，就需要有社会化、专业化的职业去实现。

再次，图书馆职业顺应时代需求的自然发展，也会取得较好的结果，给我们以信心。历史发展有必然性，也有偶然性。广州图书馆在2012年新馆建成开放初期，在传统地方文献、外语文献、生活休闲类文献服务的基础上，拓展了地方文化、多元文化、都市文化三大系列服务与活动，又在文献相关文化服务基础上，进一步拓展公共文化活动和更广义的社会交流功能，然后又在传统文献服务的基础上，逐步强化文献阅读推广服务与活动，由此逐步形成了从文献服务、文献阅读推广活动到文化活动，再到社会交流活动的完整的、有机联系的、各种功能互相促进的服务逻辑、服务结构和服务格局。回过头来看，我们这个转型发展的逻辑并非基于理性预设的，而是持续探索演进的，但在一个相对稍长的周期内，完成了从历史演进到逻辑演进的过程。可以说，社会需求或其方式在变，图书馆的功能也相对在变，甚至其逻辑起点从文献转到了人，但其基本功能却在延续。

因此，基于各方面的思考，我想，图书馆职业的意义首先在于当下；而做好当下，也让我们有理由对图书馆职业、对图书馆学专业，也对图书馆机构的未来充满信心。

图书馆是城市与国家的缩影

　　广州图书馆 2013 年 6 月全面开放时，我们策划了一个公众留言、互动的活动，其中一个留言一直让我记忆犹新。有一个人写道："只有广州这样的中心城市才会建设这样的图书馆。"可以判断，这个人来自珠三角某城市，该城市经济发展应该也很好，但即便有钱，也绝不会想到要建设这样的图书馆。这就是中心城市与普通城市的区别——既有经济实力，同时又有引领发展、争创一流的雄心！广州图书馆这样一个规模达到十万平方米的新馆，传递给世人、社会各界的至少有几层意义：这个城市有经济实力，没有雄厚的经济基础不可能承担庞大的建设与运营的开支；这个城市有追求，如果没有引领同侪的雄心，就不必建设这么大体量的图书馆；这个城市高度重视文化建设，除了直接投资外，在一个城市中心位置建设图书馆足以说明；这个城市很开放包容，能够以一种国际公开招标的方式选择建筑设计方案，并且包容一种非常个性化的、由外部造型设计到内部空间设计都迥异于传统的建筑；除建筑以外，就全开放、全公益的服务理念而言，这个城市的公共图书馆也达到了世界一流的水平。如果再看到这个图书馆里的读者的文化生活状态、精神面貌，对于广州这座城市而言，这岂不就是一个生动形象的综合立体的城市广告？广州图书馆可以说是广州市改革开放四十年发展成就的一个生动代表。如果进一步引申，图书馆又何尝不是中国改革开放四十年的成就、不是现代化中国的一个生动代表？

广州图书馆在对外交流中尤其发挥着独特的作用。我在接待来访人员时，发现无论省市政府部门相关人员还是外国朋友都非常愿意到图书馆来开展交流活动。从省市政府部门的立场，广州图书馆新馆作为一个参观交流点有很多内容可看、可以体会，具有前述多层面的意涵；从外国朋友的立场，我体会到，他们之所以喜欢参观图书馆，不仅因为图书馆是国际通行、立场相对中立、大家都熟悉和接受的公共设施，可以看到、直观感受到中国的进步，更有机会直接观察到市民日常生活、城市的文化生活、社会的精神面貌。我在接待来访人员的过程中，很明显感受到外国朋友在参观后对这个图书馆、对这座城市所留下的深刻印象。一个北欧国家的广州总领事履新、参观新馆时对我说，相对而言，他认为他们国家的图书馆落后了；广州一位友好城市的市长在参观广州图书馆时，站在入口处看向这个建筑的内部时感到难以置信，连问："这是图书馆？这是图书馆？"我也经常留意到在媒体报道某广州外国使节拜会省长后，几天内即拜访广州图书馆。2015 年时任国际图联主席参观完广州图书馆对我说："你们有最好的图书馆，你们完全有条件举办国际图联年会。"瑞典林雪平市图书馆馆长在参观我们的图书馆时深有感触地对我说："图书馆是一个城市的缩影。"

改革开放以来尤其在中国加入世贸组织以后，广州市一直在极力拓展国际友好城市关系，并且不断拓展交流与合作领域，近年来文化交流已成为城市友好交流的基础组成部分。广州图书馆新馆建成开放后，广州市的外事部门就提出，广州在世界上的友好城市建到哪里，希望并支持广州图书馆的友好图书馆就建到哪里。2019 年，广州市举办国际友好城市交流与合作四十周年纪念大会，温国辉市长在致辞中将广州对外友好交流与合作概括为四个层级，包括友好城市、友好城区、友好港口和友好图书馆。很荣幸，广州图书馆在对外交流与合作中发挥了文化领域代表的作用。

是的，图书馆是一座城市的缩影，是一个国家的缩影。图书馆讲着精彩、生动的广州故事、中国故事。在城市、国家的对外交流中，图书馆可以扮演重要的角色。

与伟大的城市共同成长 ①

——致深圳图书馆建馆 30 周年

　　我一直记得登上美国纽约帝国大厦的观景台驻足远眺时的情景。当时眼前的景象真是令人浮想联翩：各种建筑、道路、河流向各个方向伸展，无边无际，完全模糊了城市的界限，而处于城市心脏地带的长方形的中央公园郁郁葱葱，令人沉迷于永恒的时间概念。我竭力想象着这座只有 400 多年历史的城市，如何从荷兰殖民者聚居的一条街道一点一点自然"生长"，终于成就今天这样一个全球性的中心城市。

　　无疑，纽约是一座伟大的城市，它见证和代表了北美大陆

---

　　①　本文写作于 2016 年 5 月 30 日。

的开发。作为一座年轻的城市、一座最具代表性的移民城市，纽约拥有充满魅力和活力的多元文化，同时却又拥有集世界传统文化之大成的纽约大都会艺术博物馆等文化机构。

深圳也无疑是一座奇迹般的城市。短短 30 多年，从一个海边的小渔村发展成为一个现代化、国际化的大都市，人口规模甚至超过了纽约，拥有中国最具活力的人口和经济结构，它见证和代表的是一个文明古国的改革开放和重新崛起。

纽约这座城市拥有世界上最发达的公共图书馆服务体系，它为公众提供最便利和富有效率的服务，它拥有令人惊叹的来自世界各地的世界级的收藏，它的服务充分体现了这座城市的多元文化的特色。我以一个图书馆从业者的视角观察，纽约市的服务体系与纽约作为世界级中心城市的地位完全相称。

深圳这座城市也拥有当今中国最好的公共图书馆服务体系，它首倡的"图书馆之城"的概念正被越来越多的城市采用，它研发的城市街区自助图书馆成为图书馆服务新形态的时代性符号，它开发的图书馆集成管理系统（ILAS）一度占据着中国图书馆行业的半壁江山，见证着中国图书馆现代化、信息化的宏大进程，深圳图书馆新馆是最具代表性的现代化大型图书馆之一。完全可以说，深圳图书馆建馆 30 年的辉煌成就与深圳这座城市无与伦比的发展完全融合在了一起，成为城市鲜明的文化符号。而支撑图书馆事业发展的是一支敬业、实力强劲的专业化人员队伍。借用"三十而立"的说法，深圳图书馆已经奠定了一个非常坚实的、可持续发展的基础。

　　在热烈祝贺深圳图书馆建馆 30 周年之际，我之所以想到以纽约这座城市和纽约市的公共图书馆体系作比，正是强烈地希望深圳图书馆进一步向世界一流的图书馆迈进。当然，从深圳图书馆的"十三五"规划和调剂书库等新建设项目上，我们看到了同样强烈的自我期许。我期待着深圳图书馆在服务效能、服务特色，在城市文化的塑造和引领等各个方面持续在国内国际发挥示范作用。

　　广州图书馆和广州地区图书馆事业在发展过程中得益于深圳图书馆者很多，深圳图书馆的许多老师被我们的同事奉为良师益友，借此机会，谨致以最诚挚的谢意！希望继续保持紧密的交流与合作！

图书馆"四化"

近年来,我常用"四化"来概括当代公共图书馆事业的主要发展动向和趋势,即体系化、社会化、数字化、专业化。我想,或许到 2035 年我们实现文化强国目标之前,这一概括都基本适用。

体系化指建立公共图书馆服务体系,这是对应我国作为社会主义国家,为实现社会平等价值,而对公共图书馆服务保障提出的要求,是时代使命;从专业角度出发,我以为,其具体目标是要建立覆盖全国乡镇(街道)以上的专业化公共图书馆服务体系,全国具有服务能力、产生效益、发挥作用的公共图书馆(分馆)数量达到 4 万个。

社会化指图书馆或图书馆体系提供的服务内容要依据新的社会需求进行调整,这可以与经济领域常说的服务供给侧改革对应。中国图书馆社会化的进程可以说始于 20 世纪 90 年代,从整个社会进入信息化时代开始。进入 21 世纪,互联网作为新的社会信息交流系统越来越占据主体地位，人们的阅读方式也越来越转向网络化、数字化，图书馆的传统信息功能、文献功能等受到了极大的影响和冲击，到达、利用传统图书馆的人变少了。这引发了公共图书馆功能的变革，也就是所谓的社会化进程。公共图书馆社会化在社会服务功能层面的主要变化，是公共交流功能逐步成为公共图书馆的基础性功能，其中阅读推广、阅读交流、文化交流功能又占据主体地位。相应地，在图书馆服务主体上，有越来越多的社会主体以合作伙伴的形式与图书馆共同提供公共服务，随之而来的是越来越多的社会资源进入图书馆，而各种利益相关方也逐步参与、深入图书馆管理，这也是法人治理结构改革的由来。当然，政府倡导的社会化主要指的是各种社会主体参与公共图书馆服务体系的建设、管理和运营，即服务保障和功能实现路径的层面。

数字化或者更进一步的智能化，更多是指服务方式、手段的变化，主要内容包括数字化的资源、网络化的渠道、虚拟的社交空间，以及智慧图书馆、无人值守图书馆、城市街区自助图书馆、读书驿站等各种新的服务业态。当前图书馆领域逐步开始用智能化、智慧化的概念表达数字化这一趋势，新增的内容还包括资源及其标引的细颗粒度、服务的数据化与数据的服务化、实体智慧服务空间等。相应地，无论资源端、用户端还是服务端，越来越多地应用5G、大数据、云计算、区块链等新一代智能技术。当然，图书馆的数字化、智能化进程，当前正处在一个从量化到质变的过程中，将引发一场图书馆服务与管理的系统变革。

　　专业化本是图书馆作为专业组织的内在要求，而随着图书馆体系化、社会化、数字化的发展，又必然要提出通过专业化实现内化的新要求。专业化一般通过服务与管理的细化，如服务群体的细分、服务领域的细分、管理领域的细分实现专业化。体系化、社会化、数字化如图书馆体系化是图书馆服务覆盖面的扩大和下沉，社会化是图书馆功能层面的向外扩张或延伸，数字化则是从方式、手段层面逐步演变为全面的变革。其中社会化、数字化与专业化都是伴生关系，用逻辑语言来表达：社会化和专业化是一对矛盾，数字化也绝非传统服务的模拟、再现，而日渐成为全新的表达。可以说，每个方面的发展都给图书馆及其馆员提出了新任务、新要求。这些新任务、新要求开始时可以引入国际化的方法，或引入文化、社会、市场领域的方法，以推动在图书馆领域的应用，但始终要与中国国情、与图书馆行业及其理论与服务实际相结合，这个结合的过程就是专业化的过程，也就是外来理念、外来方法在图书馆领域的内化过程。以公共文化交流活动为例，图书馆、博物馆、文化馆、美术馆等公共机构都可以做文化活动，那么图书馆的文化活动具有何种特点，与图书馆固有的功能需要建立何种逻辑关系？思考、解决这些问题的过程就是专业化的过程。

以人为中心与以文献为中心

　　以人为中心取代以文献为中心，这是公共图书馆转型发展的重要标志，也是一个值得深入研究的重大理论问题。这里先提出一些简单的思考。

　　为何提出以人为中心？从互联网逐步发展起来并成为社会主导的知识信息交流系统以后，图书馆行业便开始了转型发展的进程。图书馆作为知识信息的媒介，其功能相当程度上被网络替代了，图书馆存在的价值被削弱，如果不拓展新的功能则难免被边缘化的命运，这是长期的趋势。加上赶上金融危机、经济不景气，这样的社会背景直接导致现代图书馆事业的发源地——英国的公共图书馆大为减少，有报道称英国的图书馆分馆的数量减少了 10% 左右。因此，图书馆行业引入社会学的公共空间理论，世界范围内的公共图书馆都开始拓展公共空间功能。在中国公共图书馆界，讲座、展览、报告、沙龙等活动大量增加，这其中相当部分围绕的还是公众需要的知识、信息、经典文献等内容，当然还有更广义的社会交流活动也进入了图书馆。因此，从逻辑上，需要把图书馆传统的基于文献的流通服务、信息咨询等内容，以及中国图书馆界尤其重视强化的阅读推广服务，与新型的以知识普及、艺术普及、名著导读、经典电影与音乐欣赏等活动统一起来，形成一个新的理论框架。这个理论框架需要一个新的逻辑起点，这个起点只能是人，而不能再是文献。即图书馆存在与运行的基本逻辑是，围绕人的知识、信息、文化、交流等基本需求，组织提供相应的文献、讲座、报告等资源、服务与活动，进而实现服务社会、传承文明的基本使命。

围绕这样一个新的基本逻辑，图书馆需要构建新的业务流程。传统图书馆的业务流程是以文献为中心构建的，基本流程是文献采访、编目、流通、检索、参考咨询、阅读推荐等。新的以人为中心的业务流程，则首先应从定位图书馆的服务对象开始，即弄明白我们的服务对象是谁，是否具备群体性特征及细分需求，整体或各群体人数是多少，年龄、教育水平、职业、经济状况等结构性情况如何，他们的阅读能力、现状、需求如何，知识、信息、思想、文化的需求又如何，图书馆相应提供的文献、知识、信息、文化交流、社会交流方面的服务如何，希望我们的服务覆盖潜在服务群体的比例，希望我们的服务对象实现何种阅读目标、何种参与文化与社会交流活动的目标，等等。可以说，图书馆服务应基于对服务对象群体的界定、认知而展开。这样的业务流程显然与传统流程不一样。建立新的业务流程，这是广州图书馆现在正在探索推进的工作，也已纳入《广州图书馆 2021—2025 年发展规划》（又称广州图书馆"十四五"发展规划）之中。广州图书馆将社会公众细分为普通成年人、未成年人、老年人、残障人士、外国居民、专业研究人员、地方文献与历史文化研究者等群体，明确由不同的部门承担相应的研究与服务组织的职责。当然，这一探索工作我们也刚起步。

　　为了建立新的业务流程，我们需要相应构建新的学科专业理论框架并提供诸多新领域的学术研究支撑。传统的以文献为中心的业务逻辑下，需要的是历史学、文献学为主体的学科专业知识，而新的以人为中心的业务逻辑下，需要的是社会学、心理学、教育学、公共服务、市场营销等方面的学科专业知识；而在学术研究方面，需要相应拓展一系列新领域。

　　以人为中心的基本逻辑与业务流程的构建，将带来图书馆领域系统性的变革。

"图书馆要破除文字崇拜"

　　2020 年 11 月 12 日，在广州图书馆与国家图书馆联合举办的"予纪录片以殿堂"的学术研讨会上，来自首都纪录片发展协会的陈大立会长如是说："图书馆要破除文字崇拜。"会议讨论的主题是要将纪录片纳入图书馆馆藏范围内。与会的程焕文教授称这个会议具有里程碑意义。

　　这是一个大问题。陈大立会长的话颇有振聋发聩的力量。

　　反思起来，图书馆确有文字崇拜。人类文明史一直是以文字的出现与使用为标志，文献也一直是图书馆工作主要的物质基础，所以，图书馆当然有文字崇拜。我自读图书馆学专业起就一直牢牢地记得，文献是"记录有知识的一切载体"。这也是我国国家标准《文献著录总则》的表述。从实际情况看，至少从中国的公共图书馆的实际情况看，以文字作为记录符号的文献如图书、报纸、期刊占据着绝对主体地位。当然，世界范围内，如美国、法国、芬兰等国家图书馆都收藏着丰富的影视资源，美国纽约图书馆有丰富的图片资源，澳门科技大学图书馆近年来大力发展地图专藏，大英图书馆可能收藏着介质类型最为多样的人类文明的记录。就总体而言，绝大多数图书馆的收藏仍以文字介质的文献为主。但稍作思考，就会发现目前可见的知识、信息的记录符号至少包括文字、图片、声音、影像等。古埃及文字的历史有 6000 余年，中国汉字从甲骨文算起也有 3000 多年的历史，"图"的历史，就一般人的经验认知，或远于或至少和文字的历史一样久远，象形文字也可以说就是从"图"发展而来的。当然，本文所指作为记录知识的载体的图片主要指的是摄影照片，以 1839 年法国的达盖尔发明第一台照相机为标志，这种文献的历史是 183 年；以美国的爱迪生 1877 年发明留声机开始，声音的历史有 145 年；而以法国卢米埃尔兄弟 1895 年发明电影摄影机为起点，活动影像的历史为 127 年。从社会史料的角度看，图片、声音、影像哪一个不是历史的记录、人类文明的记录呢。当今几乎人手一台的智能手机的功能越来越强大，在一个人人都是创作者的时代，由新型介质汇聚形成的社会记录越来越汇成一个信息的汪洋大海。从图书馆作为文献收藏机构的基本定位来看，图书馆从来都不排斥任何一种新的文献介质，只不过当今时代仍以以文字为记录符号的文献为主而已。

因此，无论从基本功能还是从发展的眼光看，中国图书馆收藏图片、声音、影像等新型介质文献或记录的时代开始了。

"读懂广州"

2021 年 12 月 2 日，我应邀参加"读懂中国"国际会议（广州），与省记协、市教育局、市文广旅局、越秀区政府、荔湾区政府、广东省博物馆、广州大剧院、广州中学、执信中学等方面代表参与其中的"读懂广州"专题研讨会。因此，对此专题作了一些思考。

首先，其理论框架应是"公共外交"，内涵大体为：是一种一国政府通过文化交流、信息项目等形式，了解、获悉情况并影响国外公众，以提高本国国家形象和国际影响力，进而增加本国国家利益的外交方式。在传统的认识中，公共外交被简单地等同为宣传和政策的"创可贴"，集中化的大众传媒是主要手段。非政府组织及其网络的兴起标志着"新公共外交"的崛起。新公共外交强调双向对话，将公众视为意义的共同创造者与信息的共同传递者，是"巧实力"武库中的重要工具。其历程，作为实践，始于二战以后；作为概念，首次提出为 1965

年；其特征是具有广泛性、互动性、渐进性、间接性；其应用领域包括文化展览、学术会议、人际交流等；其相关概念包括宣传、交流、合作等。

2017年12月，中共中央办公厅、国务院办公厅发布了《关于加强和改进中外人文交流工作的若干意见》并明确提出，"中外人文交流是党和国家对外工作的重要组成部分，是夯实中外关系社会民意基础、提高我国对外开放水平的重要途径"。2018年4月11日《学习时报》发表赵启正文章《中国进入公共外交新阶段》。文章指出："人文交流一直是习近平新时代中国特色社会主义外交思想的重要组成部分，是中国外交的重要支柱。习近平总书记在党的十九大报告中指出，要'加强中外人文交流，以我为主、兼收并蓄。推进国际传播能力建设，讲好中国故事，展现真实、立体、全面的中国，提高国家文化软实力'。"

综合国内外对公共外交的表述，可以梳理出公共外交的主要内涵为：政府和公众（包括社会组织、企业、媒体和个人等）从各自角度，向外国公众（也包括公职人员）表达本国国情，说明本国政策，回答关于本国的问题，同时了解对方观点的国际交流活动。公共外交的目的是增进外国公众对本国的了解，改善对本国的民意，形成更为友好的国际舆论环境，进而影响外国政府对本国的政策。

就"读懂广州"这一主题，从广州图书馆出发，我的个人体会是，图书馆是非常好的媒介，可以充分利用来讲好广州故事，展示真实、立体、全面的广州。广州图书馆新馆作为城市窗口、城市宣传窗口，体现在建筑体量超大、风格现代、设计国际化，开放、包容、多样化、免费的理念、功能与服务，市民的文化生活、精神状态等方面；《广州大典》丛书、"粤剧表演艺术大全"丛书等体现了广州历史文化积淀的深厚；在图书馆服务的背后，反映的是政府的重视，体现的是高水平的公共服务保障。广州图书馆新馆开放后参与了一系列的国际交流活动，我在工作过程中，亲身参与接待过比较多的国外客人。总体而言，这些活动起到了非常好的宣传、交流的效果。其中典型的如：

一位友好城市的市长一进门就惊呼，"这是图书馆？"——惊异于广州建设这样宏大的建筑作为图书馆！一位市长代表团成员在馆内惊讶地碰到了他的老乡——广州图书馆当时的外聘馆员美国人 Sam。广州图书馆新馆与当代欧洲最大的公共图书馆——英国伯明翰图书馆于 2013 年同年建成开放，但广州图书馆体量是其三倍，英国伯明翰市市长参观后对广州市市长说，伯明翰新图书馆大概可以装到广州图书馆的中庭里，但花的钱还更多。比利时总领事馆将比利时驻西班牙某领馆的图书移赠广州图书馆，并设立专区，履新的比利时总领事邵德辉（Joris Salden）认为，广州图书馆的设施比自己国家的公共图书馆好。意大利总领事白露茜（Lucia Pasqualini）女士认为，广州图书馆在两国双边关系中扮演着重要角色，是两国对话和文化交流的强力支持者。印尼总领事积极促成西爪哇省相关机构与广州图书馆结对成为友好图书馆。国际图联主席多娜·席德尔（Donna Scheeder）女士参观新馆后认为，广州完全有条件承办国际图联大会。国际图联当选主席克里斯蒂娜·麦肯齐（Christine Mackenzie）女士参观后感叹广州图书馆是"城市的心脏"。

广州图书馆新馆自开馆以来一直积极推动开展各类对外交流项目。截至"读懂广州"国际会议召开时，广州图书馆已开展的对外交流项目有：①"友好图书馆"项目，已与广州在全球的友好城市图书馆协议建成了 14 个"友好图书馆"；2019 年纪念广州开展国际友好城市工作四十周年大会上，温国辉市长将友好图书馆交流作为广州友城交流机制的基础组成部分之一。这个友城交流机制包括友好城市、友好城区、友好港口、友好图书馆四个层次。②"环球之旅"多元文化交流项目，已与 37 个领事馆、友城合作举办活动约 250 场次。③将《广州大典》赠送国内外友城、国际上重要的收藏机构 200 家。④自 2012 年以来共举办 48 场对外专业与学术交流活动，其中较大型国际会议、交流活动 5 次；与港澳台交流 7 场次；作为中国城市图书馆代表，参与中英、中国与中东欧国家等图书馆界各种国际交流，并计划承接中美图书馆交流。⑤积极参与国际专业交流活动，先后获评为 2018 年国际图联营销奖（IFLA Marketing Awards）"十个最具启发性的项目之一"、2020 年 ALA 国际图书馆项目主席创新奖（Presidential Citation for Innovative International Library Projects）等。

　　因此，我们可以在一系列生动实践的基础上总结和分析，在"读懂中国""读懂广州"的宏大叙事中，公共图书馆、广州图书馆可以发挥什么作用。

　　首先是"读"什么。在图书馆的对外交流中，国外同行、外交人员、政府官员可以"读"到什么、接收到什么信息？我想，我们至少可以传递四方面的信息：中国的公共图书馆已经有世界领先的硬件设施（基础设施）、功能转型发展走在国际图书馆界前列（创新发展）、科技应用处于全球领先地位（各种新业态）、事业发展尤其是服务体系建设处于快速进步（体系建设）阶段。

　　其次是如何"读"。"读"的性质更应该是日常自然状态的交流、业务的交流、多样化的交流，而要弱化宣传或外交的意味；"读"的内容是文化、公共服务、城市图书馆，形式包括文献交换、信息交流、历史文化交流、学术交流、馆员交流等；主体是图书馆、图书馆人；客体包括外国领事馆官员、友城图书馆同行、外国居民与公众；时间应常态化、日常化；场景则是在图书馆、市政厅等服务空间、公共空间等。

　　因此，为更好实现"读懂中国""读懂广州"的目的，建议政府充分利用图书馆行业的优势和资源：支持图书馆行业广泛开展国际图书馆界交流；支持图书馆与各国使领馆广泛开展文化交流活动；强化国际交流中的名额、经费等支持措施；简化对外文化交流活动中的审批程序等。

获颁意大利"团结之星"骑士勋章

2021年12月，意大利驻广州总领事馆提出，希望推荐我作为意大利"团结之星"骑士勋章候选人。该勋章是意大利共和国的荣誉勋章，由总统签发，颁发给为推动意大利和其他国家的友好关系做出杰出贡献的外国人士和海外意大利人，以表彰他们在意大利与其他国家之间在促进友好关系方面的突出作用。广州市原副市长陈绮绮和华南理工大学副校长朱敏曾获颁此勋章。2022年我很荣幸接受了该勋章。

当然，准确地说，我是代表广州图书馆、代表我的同事们获颁该勋章。这可以说是对广州图书馆在推动中意文化交流合作方面所作贡献的充分肯定，也是对我们近年来致力建设多元文化交流平台，推动不同文化交流互鉴的褒扬。2019年3月，习近平总书记访问意大利期间，提出密切人文交流，鼓励两国文化机构和个人互办高水平文物和艺术展，为世界文明多样性和不同文化交流做出新贡献。近年来，广州图书馆与意大利驻广州总领事馆紧密合作，先后联合举办了有关米兰世博会、意大利建筑金奖作品展、意大利名厨佩勒格里诺·阿图西的生平等系列活动，尤其是为纪念艺术大师达·芬奇、拉斐尔逝世500 周年，于 2019 年、2021 年分别合作举办"达·芬奇的艺术：不可能的相遇""拉斐尔的艺术：不可能的相遇"展览等系列活动，受到公众热烈欢迎。意大利驻广州总领事馆还向广州图书馆捐赠了 400 多册意大利主题图书，在此基础上成立了意大利图书专区。2021 年广州图书馆还与意大利热那亚公共图书馆缔结友好图书馆，开展图书交换等合作交流。这些交流合作已成为两国文化交流与友好合作的良好见证。意大利共和国授予勋章对广州图书馆、广州市进一步推动对外友好交流具有积极意义。

这也是广州图书馆和中国公共图书馆界致力讲好"广州故事""中国故事"的一个典型事例。

附一：意大利驻穗总领事白露茜（Lucia Pasqualini）女士在交流过程中对广州图书馆的一些评价

2018 年我刚来广州就已经非常喜欢广州图书馆。在我的办公室可以看到广州图书馆。从建筑上来说，我认为广州图书馆令人赞叹且意义非凡，是这座城市的一个标志性建筑。我到任后不久就去拜访了方家忠馆长，图书馆的建筑设计以及大批学生读者和年轻读者都给我留下了深刻印象。人们在图书馆里进出自如，我觉得这个设计非常精妙，这不但可以促进人员流动，还会带来思想交流。在我看来，这对图书馆实现自身愿景是一个很好的开始。结束初次会面后，我立马产生了要与图书馆合作的想法。我之前在罗马从事意大利语推广工作，同时还负责推动小型出版机构发展的业务，所以我想到了可以联系意大利那边准备图书，然后捐赠给广州图书馆。这就是广州图书馆意大利语图书专区的由来。非常高兴能在广州图书馆设立意大利语图书专区，当时意大利驻华大使也来到广州参加了专区揭幕仪式。后来受到疫情影响，我就将重心转移到了活动合作。

这是众多重要场所之一，也可以说是我所见过的最令人愉悦的文化机构。

对这个城市而言，广州图书馆也是一个具有示范作用的文化机构。这种想法来源于我们与广州图书馆长久的合作。我向方馆长提出了很多想法，他很快答应了。2019 年是达·芬奇逝世 500 周年，我提议举办一个关于达·芬奇的主题展览，OPERA OMNIA 立刻响应了这个想法，最后这个展览取得了巨大的成功。因此我们决定延续这个合作模式，在 2020 年策划举办了纪念拉斐尔逝世 500 周年的展览。受到新冠疫情的影响，这个展览实际上有所推迟，但经过我们的不懈努力，最后成功给广大观众带来了这场文化盛宴。我认为这是一个面向公众开放、极有意义的文化活动。你看，这个展览的举办地离地铁站不远，展览就正对着图书馆的入口，这也让广州图书馆在城市中发挥了更加重要的作用。市民能够通过图书馆看到美妙绝伦的拉斐尔画展，这其实也是一种开展公众教育的途径。这个展览不仅仅关乎艺术，因为展出的作品并非原作，而是运用高科技手段制作的高清复制品。这个展览是广州图书馆为广州市民了解拉斐尔提供的极好机会。

通过展览，我感受到广州人民，或者说广东人民，对这种文化生活、文化体验的热情和渴望。

广州图书馆在广东省及广州市的文化生活中都发挥着极为重要的作用，为其他文化机构做出了良好示范。大家应该认识到广州图书馆在社会上的角色和地位，在这里大家可以获得书本和学校之外的体验。我是广州图书馆的忠实支持者。

广州图书馆做得非常出色，甚至称得上是中意两国对话和文化交流的强力支持者。我非常高兴能跟广州图书馆合作。因为它不但本质上是一个非常重要的文化机构，同时还能意识到与国外建立联系的重要性。尽管这个过程中出现了各种困难，但广州图书馆都能以非常专业的方式来应对和解决。我们充分明白和尊重中国的一些流程和程序，这都不是大问题，最重要的是持续推进合作。就展览而言，这其实是一个相互交流的过程，我们要花费数月时间来完成这样一个项目。虽然这种合作取决于很多因素，但你总是可以从图书馆这里得到回应。所以，就华南地区而言，我认为广州图书馆是我们首要的，同时也是最重要的合作伙伴。我对能有这样的合作伙伴深表感激。

附二：比利时驻广州总领事杜律国（Luc Truyens）先生
在交流过程对广州图书馆的一些评价

现在图书馆不仅仅是一个图书馆，它还是一个美丽的图书馆。你可以看我身后。这里是我的办公室，所以我每天都能从这里看到图书馆，这是一座非常漂亮的建筑。美与知识的结合，可以使人们达到更高的智力和精神生活水平。这座建筑不仅满足了人们的知识需求，也满足了人们的艺术需求。它不仅是一座美丽的图书馆，还是坐落于广州的美丽图书馆。广州本身就是一个非常特别的地方。几百年来，广州是中国最开放的地方。它与世界上所有地方交易，联系起欧洲和亚洲其他地方。所以，图书馆真的是一个非常重要的地方，这点不但体现在城市的建筑当中，也体现在对不同方面带来的影响上。

生活在这里的人们已经习惯了几百年来与其他事物，与新事物打交道。他们对新事物持开放态度，还会找到能够满足他们好奇心的资料，就像图书馆里的广州人一样。所以，你可以看到这个图书馆是多么重要，它美丽的建筑，它丰富的藏品，满足了那些真正乐于为他人服务的人。

广州图书馆的优点之一是它向对世界感兴趣的人展示了这个世界，可以通过书，也可以通过展览。广州图书馆经常举办来自世界各地不同国家的展览，他们有不同的场地可以实现这一点。像比利时这样拥有悠久文化和丰富文化的国家利用了图书馆提供的这种可能性。我们已经在广州图书馆组织了几次展览，大部分是关于比利时作家的展览，我想到了凡尔哈伦和乔治·西默农。有时是关于音乐演奏家或者歌手的展览，像雅克·布雷尔。这些是我们在图书馆能实现的更具文化性的举措，但其实也可以提供历史性的东西，比如曾经做过一个关于中国和比利时在第一次世界大战中相互联系的展览，这呈现的是不同的东西。

现在图书馆不仅举办来自比利时的展览，还接收了我们捐赠的图书。大量书籍现在是广州图书馆外文馆藏的一部分，也是广州图书馆专题服务部最多的外文馆藏之一，这让人们有机会接触到我们的文化和文学。把这些书捐赠给广州图书馆，是两国合作、文化合作的标志。我们认为，如果要向一个非常有用的地方提供这样的书籍，那就是广州图书馆。

图书馆有潜力变得重要，但仅仅有潜力变得重要是不够的。你必须意识到这一点，而且必须把它付诸实践。广州图书馆真的在这样做。当你没有办法的时候，就不可能实现一件事。你们已经有一座漂亮的大楼，同样重要的是，你们有敬业的人。我非常确信，我的经历表明，在广州图书馆工作的人都是非常敬业和专业的人。他们热爱自己的工作，知道如何做事。就我所能看到的情况而言，你们有一个很好的图书馆，运作得也相当好。还有一些我想特别提及的东西。他们把中国文化的特点与国际社会的特点结合起来，可以真正看到中国社会的可能性。他们能真正感受到中国人对这个世界的什么东西感兴趣，因此他们能够在不同的兴趣之间找到结合点。这也意味着我们也十分乐意继续推进合作。

转型发展的历程与逻辑

因为互联网对人们阅读方式乃至生活方式的全方位影响，图书馆转型发展自 20 世纪 90 年代起即成为国际图书馆界共同面临的重大问题与发展趋势。广州图书馆同样也在经历并持续处在转型发展中，总体而言，转型发展的方向、目标、内容都比较明确，效果也是显著的。现在对这一历程的主要节点与逻辑进行简单的回顾，以考察图书馆事业发展的历史理性与逻辑理性如何协调统一。

一、基本历程

2004 年广州图书馆新馆建设项目立项。此一时期确定的建筑选址、体量、功能需求、建筑设计等都为新馆转型发展奠定了物质基础。新馆地处新城市中心，与众多的公共空间形成共同体；建筑面积达到 10 万平方米，其超大体量可以将当时国内外图书馆界已经出现的各种新功能融合到功能需求中，并特别强调了开放性和文化休闲要求，因此新馆空间的多元化、开放程度和交流休闲功能可谓首屈一指；建筑设计方面，以日本著名设计师宫川浩先生领衔的设计团队把握住时代公共建筑设计潮流，着眼于处理"人与人之间的关系"，在开放的空间设计、自由的空间体验、连续的内外空间关系等各个方面，设计出了一个与端庄典雅的传统殿堂式图书馆截然不同的时尚亲民的现代图书馆。

2009—2010 年编制广州图书馆"十二五"发展规划，提出"多元文化窗口"使命和特色服务发展路径。在制定规划时，我深入思考，新馆如何能在传统服务基础上，形成新的服务特色？选择有两个，一个是文化服务，一个是知识服务。后者要求有一支专业化水平较高的人才队伍，且形成服务能力、产生服务效益的周期较长，在当时的条件下，是门槛较高的一个方向；相对而言，前者对人员要求略低，更重要的是可以利用大量的社会资源，如可以利用广州大量的文化机构与团体的力量、众多的高校与教师资源、丰富的外国领事馆资源、众多的国际友好城市资源等，总体上可行性较高。"十二五"发展规划的制定实施为广州图书馆的转型发展指出了文化服务的新方向。

2010—2011 年，制定实施新馆专项规划。细化设计新馆各区域功能，确定服务对象、馆藏结构、资源配置，形成由基本服务、主题服务、对象服务、交流服务四大功能区域组成的功能布局。其中，在专题服务区域，细分了传统与本土文化、世界多元文化、现代都市文化等三大系列，相应设计了广州人文馆、家谱服务区、多元文化馆、语言学习馆、创意设计馆、多媒体鉴赏区等一系列主题空间和服务平台。在专项规划明确以后，又于 2011 年 11 月—2012 年 6 月进行了部门架构、岗位资源配置的调整，并于 2012 年 6—12 月进行人员岗位竞聘工作。

新馆于 2012 年底部分开放、2013 年 6 月全面开放，开启将文化服务系统引入图书馆并持续推动功能演进的历程。新馆开放时，我给自己提出的目标是有效益、有特色、有影响。新馆全面开放次年即 2014 年，广州图书馆的基本服务效益在全国图书馆界跃居第一位，多元文化服务也初步形成特色。当时，我们也已观察到，公众到馆、利用图书馆的目的更为多元，公共图书馆成为继家庭、工作单位之后的"第三空间"，日益成为阅读、交流、分享、文化休闲的重要平台。我和同事们探讨如何将新理论与多元文化服务、公共图书馆服务结合。新馆开放后，为探索多元文化窗口使命实现路径，我和同事们一起到广州知名的地标书店之一——方所，现场体验他们在书店空间举办交流活动的实际场景，观察读者反应。我们在馆内也尝试在不同时段、不同区域举办交流活动，并现场进行读者调查，不断改进服务组织。经过摸索，逐步建立了文化服务模式。随着文化服务的持续强化，大众媒体报道量也逐年增加，同时接待了大量国内外同行和各层面领导、嘉宾参观交流。短短几年，广州图书馆呈现出新平台、新格局、新气象。在文化服务、文化活动逐步成为图书馆基本服务的过程中，我们也听到有部分读者质疑，认为新图书馆比较"嘈杂"，应该保持安静环境。我反复思考，并跟许多国内外同行交换意见，最终认为，图书馆保持丰富的服务内容和对公众充分的吸引力还是比单纯保证安静环境更为重要；当然我也相信，全市图书馆服务体系逐步完善之后，读者会随之分流，这一问题也将会逐步得到缓解。总体上，实践证明，我们当初的选择是对的。文化服务或大量的文化交流活动不仅丰富了图书馆的服务内容、资源，而且因为大量具有传播动机和能力的社会主体的参与，众多的话题、嘉宾又具有传播价值，所以大大增强了图书馆服务的传播价值。据新馆开放后一直到 2021 年的统计数据，大众媒体对图书馆活动的报道占总报道量的比例一直保持在 60%—70%。这对一个新馆迅速提升服务效益、扩大社会影响力是一条切实可行也极为有效的路径。广州图书馆在新馆开放之前，为开展宣传推广、提升服务效益特意组建了社会活动推广部，但实践很快证明，广州图书馆单是接待公众自发到馆，就已应接不暇，因此该部门的职责转向组织和统筹全馆活动。

2015 年，编制广州图书馆"十三五"发展规划，在多元文化窗口使命的基础上，进一步拓展"公共交流平台"使命。这是因为在开展文化交流活动过程中，我们看到各种社会主体有强烈的需求，需要利用公共平台参与公共服务、公共事务，开展社会交流。其中的主体包括个人以及各种群体、组织，也包括政府各部门。当时正是淘宝等互联网平台迅速发展的时期，我对马云将解决社会问题作为企业底层发展逻辑、"让天下没

有难做的生意"的理念深为服膺，故在进行专题研究之后，将
"公共交流平台"作为广州图书馆新的使命纳入发展规划之中。
相应地，我们将广州图书馆发展的总体目标调整确定为"建设
以人为中心、一流的国际大都市图书馆"。此后即推进成功的
服务实践，而广州图书馆被公认为广州市最好的公共交流平台，
成为省、市领导，各政府部门和其他主体开展公共交流、公共
服务、宣传活动的首选地。广州图书馆因而超越"城市文化地
标"成为"城市窗口"。

　　2017 年后注重强化全民阅读推广活动。这一时期，中央政
府将"全民阅读"作为国家战略持续推动，中国图书馆学会阅
读推广委员会也做了大量卓有成效的工作，使阅读推广在理念
层面逐步深入人心，在实践层面日益成为公共图书馆的基本服
务。广州图书馆此前比较侧重服务读者的自主阅读，但我们在
推进文化活动的过程中，也越来越意识到文化活动的阅读推广
价值，2016 年，我在武汉图书馆作题为《图书馆活动与阅读推
广》的学术报告以分享我们的发现。因此，这一时期广州图书
馆开始开展越来越多的阅读推广活动，并于 2017 年出面组建
"广州阅读联盟"推广全民阅读。2018 年，开始大力拓展未成
年人、特殊群体阅读服务，并广泛开展与社会主体合作。在业
务统计等专业管理上，也逐步将阅读推广活动与文化交流活动
区别开来，阅读推广在广州图书馆公共服务的整体架构中，成
为传统文献服务与新型文化服务的中间领域。2019 年广州图书
馆首次编制的《新馆公共服务趋势报告》指出，以"活动化"

为特征的阅读推广服务逐渐成为图书馆的主流服务之一，并通过创建"广州公益阅读"项目等加强了与社会的融合发展，活动品牌影响力不断提升；当年《公共交流活动报告》专项报告对基于文献的阅读推广活动进行了单独的统计，结果表明，活动共举办 2063 场次，占当年全馆活动总量的 47.3%。

2020 年编制广州图书馆"十四五"发展规划，进一步推进向公共平台功能转型，并将知识服务、引领全民阅读作为其中两项重点任务。近年来，图书馆作为社会公共空间的平台功能已为业界和社会各界广泛接受。新时期，国家明确时代主题是高质量发展，而广州图书馆新馆经过八年发展，已建立多样化的服务框架，并明确了将基本服务全面转向细分群体、主题服务以提升专业化服务水平的思路——在此基础上，进一步提升服务无疑就进入了知识服务的层次；而智慧技术的运用也为图书馆普遍开展知识服务创造了可能性。目前，知识服务可以理解为公共图书馆服务中专业性最强的部分，达到这一层次，需要有专业化人才、知识层次资源及相应技术支持等条件。我们分析，当前广州图书馆具备了一定的条件，因此在点上，我们选择地方文献与地方历史文化领域进行重点探索，在面上，争取利用智慧技术提升整体知识服务水平。在加强阅读推广、引领全民阅读方面，广州图书馆"十四五"发展规划提出行动方案如：丰富阅读推广形式，激发公众阅读兴趣；阅读推广与主题馆基本服务有机结合；依托现有平台，增强辐射范围与影响力；加强线上阅读推广；面向重点群体和社区开展阅读推广；

打造数字阅读空间等。总体上，广州图书馆"十四五"发展规划一方面持续强化公共图书馆作为社会公共空间的公共性、包容性，进一步将使命提炼为将广州图书馆打造成为"体系中心，知识平台，学习平台，文化平台，交流平台"，另一方面确定将知识服务、全民阅读作为重点任务。可以说，随着广州图书馆"十四五"发展规划的制定实施，广州图书馆在公共服务领域即横向上，基本完成了从文献服务到阅读推广服务，再到文化交流活动，再到公共交流活动的逻辑演进过程，形成逻辑连续、有机衔接的同心圆服务架构；在服务层次即纵向上，提出了知识服务的新方向，明确了服务提升的新要求，当然，在这一新方向上还需要长期努力。

广州图书馆"十四五"发展规划推动管理变革，以支撑功能服务演进。包括：第一，建立以"人"为中心的业务流程。在社会公共空间的理论框架下，以"人"为中心的服务理念已然确立，而公共图书馆服务的逻辑起点从"文献"转移到了"人"，即围绕人的知识、信息、文化需求展开，相应提供文献、知识、信息、展览、讲座、报告、"真人书"等服务。图书馆的业务流程需要从文献的采、分、编、服务，调整为界定服务对象、明确服务需求、组织服务资源、界定服务主体、寻求合作伙伴等。第二，推动线上线下服务融合。线上服务从作为传统服务的延伸，到逐步具备独立的服务主体地位，再到强调与线下服务融合，实际上是与"人"生活于其中的现实场景融合，使线上线下服务都成为为人服务、与人的生活习惯密切相关的基本服务样态。第三，推动服务模式的调整。传统图书馆服务模式可以概括为分层次服务模式，基本的服务组织是文献流通服务、一般咨询服务、信息参考服务等。新的服务组织则是分众、分主题的细分领域和在此基础上的立体服务。即在所有公众中分出一般公众、未成年人、老年人、残障人士、外来务工人员等不同群体，然后设计提供全面的服务或若干个服务项目；在人类知识体系中分出不同的主题，尤其是识别出公众需求比较集中的主题优先保障服务。对一般公众而言，文学、艺术、科学普及是需求最大的领域。而在服务的纵向上，在同一个对象群体或主题服务平台上，将分层次服务调整为立体化服务，从传统单纯的文献流通服务调整为文献流通、信息咨询、阅读推广、文化交流等多层次、立体化服务。

二、基本逻辑

新的文化服务与传统服务，形成有机整体，以发挥互相促进的作用，而不应是"两张皮"。针对这一问题，我和同事们选择了一个指标——"人书比"，即进馆人数与外借文献册次的比例——来进行观察。我此前对美国公共图书馆的研究发现，二者长期大体是1:1的关系。广州图书馆开始时也大体相当，后来逐步出现了后者高于前者的结果，而同期我国公共图书馆总体上则呈现出相反的结果。由此可以作出基本判断，即广州图书馆在拓展新功能新服务的同时也有效地促进了传统服务，新旧服务结合成了有机整体。以同样的视野观察实体服务与数字网络服务的关系，其结果也大体如此。

　　融合文化服务与传统服务的图书馆服务的理论基础是什么？相对于图书馆传统的以文献服务为主体的理论框架，我们在开始引入文化服务时，很快意识到，新服务缺乏理论基础。这一时期，恰好上海图书馆吴建中馆长在国内图书馆界开始引介美国社会学家雷·奥登伯格的"第三空间"理论，杭州图书馆褚树青馆长在大力倡导"第三文化空间"理念。经过对相关社会学理论的研究，我们也认同，社会学领域的社会公共空间理论可以作为涵盖公共图书馆传统服务与文化服务、推动转型发展的新的理论基础，在公共图书馆这个社会公共空间中，我们的服务围绕人的知识、信息、文化、交流需求展开。当然，与发达国家比较，我们推动的转型发展更多的是主动转型，而非互联网迅速在公众生活中占据显著地位后的被迫转型。2014年，我们将相应观察纳入年度报告中，我们也注意到，公众到馆、利用图书馆的目的更为多元，公共图书馆成为继家庭、工作单位之后的"第三空间"，日益成为阅读、交流、分享、文化休闲的重要平台。2015年，我撰写论文《城市图书馆作为"第三空间"的建筑特征分析——基于广州图书馆新馆的案例》参与褚树青馆长主编的《城市图书馆研究2015》年刊交流；当年底，我在中国图书馆学会年会上作了题为《构建城市公共空间——广州图书馆新馆实践》的学术报告。至此，无论就我自己而言，还是就广州图书馆而言，我们完成了图书馆文化服务功能从实践探索到理论认知的过程，即完成了文化服务作为图书馆基本服务的内化过程。鉴于"多元文化窗口"使命的成功实践，2015 年我们编制的广州图书馆"十三五"发展规划再次强调了这一使命，同时基于在实践中感受到的明确而强烈的社会需求，我们把图书馆在社会交流中的作用再往前推进一步，提出打造"公共交流平台"的新使命，即要参与承担更多更广泛意义上的社会交流，为公众和其他各种主体的社会参与提供更多的机会。

强化阅读推广服务，形成逻辑连续的服务体系。从新馆开馆系统引入文化服务、公共文化活动以后，我们很快发现文化活动、交流活动的阅读推广价值，其价值主要体现为吸引更多的人走进图书馆，并从活动参与者、传统图书馆意识不强者转变为有一定意识者，并进而转变为图书馆读者。可以说，在2016 年前，广州图书馆阅读推广的主要目标在于通过活动吸引更多的人走进图书馆，提高全社会的图书馆意识。而在公众的阅读行为方面，我们更多强调的是服务于公众的自主阅读。2017 年后，我们越来越注重文献阅读本身，因此逐步推动举办越来越多的文献阅读推广活动，到 2019 年时这类活动差不多占到全部活动的半数。2020 年广州图书馆"十四五"发展规划将引领全民阅读作为新时期五项重点任务之一。阅读推广服务作为广州图书馆的基本服务的地位至此完全确立起来。而阅读推广活动的大量开展，从内容上正好填补了传统文献借阅服务到公共文化活动的中间环节，形成了服务体系的整体逻辑。

多样化服务结构的包容性、可扩展性。"图书馆是生长着的有机体"。因此，转型发展形成的新服务结构还需要具有满足图书馆功能与服务不断变化的能力。广州图书馆新馆建成开放以来，在政府支持和自身努力下，2014 年设立"广州之窗"城市形象推广厅，2015 年设立广州大典研究中心，2018 年设立纪录片研究展示中心。如果加上 2020 年广州图书馆"十四五"发展规划提出的要大力加强的知识服务，可以看到，这些新功能和新服务都可以较好地纳入新馆形成的多样化服务框架中，即围绕人的知识、信息、文化、交流需求，相应开展文献与知识服务、阅读推广活动、公共文化活动、公共交流活动。可以说，广州图书馆转型发展形成的新的服务结构具有较强的包容性。

广州图书馆 40 年发展的三重解读

　　2022 年 1 月 2 日，广州图书馆迎来建馆 40 周年。为庆祝这一盛事，广州图书馆先后举办了面向全国图书馆界的学术研讨会、面向本馆馆员的全馆大会和面向公众的馆庆 40 年展览等活动。我先后在三个活动上作报告或致辞，因对象不同，故两个学术报告和展览开幕致辞中关于发展启示部分的总结各有侧重。对管理者而言，对同一件事，因对象不同，思考的角度各异是常见的事。兹录如下，以供读者诸君参考。

第一重解读：面向图书馆界 [①]

一、时代背景与时代使命

广州图书馆 40 年发展史具有政治、经济、技术、社会、文化等广阔背景，是中国改革开放进程、全球信息化浪潮、经济与文化全球化和广州建设现代化国际大都市、文化强市，培育世界文化名城等因素综合作用的结果，充分体现了中国和广州改革发展的成就，是中国改革开放史和广州市现代化建设史的缩影。

在 40 年发展历程中，国家从以经济建设为中心转向全面发展，图书馆行业从以个体建设为主转向体系建设，并且要解决转型发展的问题。广州图书馆在图书馆行业中发挥了一个探索者、先行者的作用。

图书馆的使命由时代赋予，具有鲜明的时代性。时代使命经历时代更替后成为历史使命，有的经过积淀、传承成为基本使命，有的随时代变化而终结。

总体而言，图书馆的使命日趋多样、多元，这也呼应了时代发展、社会进步和公众日趋多样、多元的需求。

在使命与时代的关系中，广州图书馆是积极的建设者

[①] 摘自 2021 年 11 月 3 日在"公共图书馆的历史使命与时代使命"学术研讨会上所作《广州图书馆 40 年发展与思考》报告。

和参与者。

二、广州图书馆的时代使命

（一）个体发展

中国改革开放初期，是整个社会的教育文化资源稀缺的时代，图书馆可以大放异彩，而在信息化浪潮席卷全球、互联网成为社会基础的知识交流系统的时代，图书馆一方面以专业化的角色在新的交流系统中占有一席之地，另一方面积极拓展公共空间的功能，使图书馆占据区域文化中心的地位。

广州图书馆的转型发展经历了实践探索和认识提升过程，所形成的服务结构能产生良好的服务效益，其历程也可以作为图书馆实现高效能发展并通向高质量发展的一条现实路径。

在任何一个时代公共图书馆都可以大有作为，充满活力；只要坚持积极的方法论，即立足当下、积极应对、不懈探索，图书馆的未来前景也一定充满光明，这也是我们通往智慧时代的道路。

（二）体系建设

现代化建设也是一个转型发展进程，公共图书馆服务体系建设充分顺应了公众日趋高涨的文化需求，它作为新时代满足公众对美好生活需要、实现平等服务、保障公众基本文化权益的主要路径，需要以更大力度推进。

广州"图书馆之城"建设充分验证了这一点，并提供了可供参考的经验：一是以量化政府保障标准方式，落实政府保障主体责任，这也充分体现了政府主导的重要性和有效性；二是坚持建设与服务并重，并以量化服务效能标准方式，落实行业服务主体责任，以良好的服务效能满足公众需求，为体系的可持续发展争取政府和社会各界支持。

三、广州图书馆的发展机制

（一）机遇

改革开放的大时代、城市现代化的大舞台，造就了广州图书馆的机遇和发展。

广州市有高度重视文化事业、重视公共图书馆事业的市委、市政府，充分履行政府保障主体责任，成就了文化建设的高潮时期，为广州图书馆的发展提供了历史性的机遇。

我们正处于公众对知识、信息与文化需求"勃发"，各种主体的社会责任意识、社会参与意识"勃发"的时代，这使公共图书馆的资源、服务、平台具有强烈的时代价值。

改革开放事业持续深化，从以经济建设为中心到"五位一体"全面发展，推动了整个社会包括政府领导的思想观念的转变；以及相对宽松的社会环境、制度环境对创新服务与管理的鼓励，为图书馆创新服务与管理提供了空间。

（二）内在条件

图书馆人的职业理想和专业坚守是广州图书馆发展的内在条件。

岭南文化向有开放、务实、包容的人文传统，开放办馆、服务立馆的办馆理念以及馆员队伍的服务意识、务实作风、团结协作一直是广州图书馆的优良传统。

在新的发展时期，随着馆员队伍素质的提高，充分发挥专业性，以专业化服务与管理推动发展成为新的特点。

专业化发展还包括得到职业共同体的强有力支持。广东图书馆事业在改革开放以后形成了比较强的专业力量，相关机构及其汇聚的一批名家、专家、馆长、骨干，同声相应，同气相求，互相激励，共同进步；我们还通过组织大量的专业与学术交流，最大限度地吸收国内国际图书馆界的最新理念和经验。

第二重解读：面向广州图书馆馆员 ①

一、大时代

改革开放的大时代、城市现代化的大舞台，造就了广州图书馆的机遇和发展。

广州图书馆 40 年发展史具有政治、经济、技术、社会、文化等广阔背景，是中国改革开放进程、全球信息化浪潮、经济与文化全球化和广州建设现代化国际大都市、文化强市，培育世界文化名城等因素综合作用的结果。

---

①　摘自 2021 年 12 月 29 日在全馆大会上所作《广州图书馆 40 年：回顾与展望》报告。

广州市有高度重视文化事业、重视公共图书馆事业的市委、市政府，充分履行政府保障主体责任，成就了文化建设的高潮时期，为广州图书馆的发展提供了历史性的机遇。这座城市也放大了广州图书馆发展的影响。

我们正处于公众对知识、信息与文化需求"勃发"，各种主体的社会责任意识、社会参与意识"勃发"的时代，这使公共图书馆的资源、服务、平台具有强烈的时代价值。

改革开放事业持续推进，推动整个社会包括各级领导思想观念转变，并形成相对宽松的社会环境、制度环境，为图书馆创新服务与管理提供了空间。

广州图书馆 40 年发展充分体现了中国和广州改革发展的成就，是中国改革开放史和广州市现代化建设史的缩影。

二、大作为

图书馆人的职业理想和专业坚守是广州图书馆发展的内在条件。

图书馆的使命由时代赋予，具有鲜明的时代性，且日趋多样、多元，这也呼应了时代发展、社会进步和公众日趋多样、多元的需求。在使命与时代的关系中，广州图书馆是积极的建设者和参与者。

岭南文化向有开放、务实、包容的人文传统，开放办馆、服务立馆的办馆理念以及馆员队伍的服务意识、务实作风、团结协作一直是广州图书馆的优良传统。

在新的发展时期，随着馆员队伍素质的提高，充分发挥专业性，以专业化服务与管理推动发展成为新的特点。

专业化发展还包括得到职业共同体的强有力支持。广东图书馆事业在改革开放以后形成了比较强的专业力量，相关机构及其汇聚的一批名家、专家、馆长、骨干，同声相应，同气相求，互相激励，共同进步；我们还通过组织大量的专业与学术交流，最大限度地吸收国内国际图书馆界的最新理念和经验。

在任何一个时代公共图书馆都可以大有作为，充满活力。只要坚持"一切为了读者"的正确理念、积极作为的态度和方法论，即立足当下、积极应对、不懈探索，图书馆的未来前景也一定充满光明，这也是我们通往智慧时代的道路。

三、大发展

无论在个体层面，还是在体系层面，广州图书馆 40 年的发展都是历史性、标杆性的，具有引领示范意义。

在广州图书馆 40 年发展历程中，国家经济建设取得历史性成就，并从以经济建设为中心转向全面发展，图书馆行业从以个体建设为主转向体系建设，并且要解决转型发展的问题。广州图书馆在图书馆事业发展中发挥了一个探索者、先行者的作用。

中国改革开放初期，是整个社会的教育文化资源、信息资源稀缺的时代，图书馆可以大放异彩，而在信息化浪潮席卷全球，互联网成为全球性的、社会基础的知识信息交流系统的时代，图书馆一方面以专业化的角色在新的交流系统中占有一席之地，另一方面积极拓展公共空间的功能，使图书馆占据区域文化中心的地位。从结果看，广州图书馆的功能发展包括转型是成功的。

中国式现代化建设也是一个转型发展的过程，是推动社会平等，并最终实现人的全面发展的历史过程。就此意义而言，公共图书馆服务体系建设是社会转型发展的重要内容，进而也应被视为公共图书馆自身转型发展的组成部分。它充分顺应了公众日趋高涨的文化需求，作为新时代满足公众对美好生活需要、实现平等服务、保障公众基本文化权益的主要路径，在广州"图书馆之城"建设实践中得到了充分验证：通过量化政府保障与行业服务标准方式，推进保障与服务均等化，为中国公共图书馆事业的改革发展、转型发展和服务体系建设提供了典型案例，也树立了标杆。

相对于中国公共图书馆事业的发展史而言，广州图书馆 40年的发展进步是历史性的；广州图书馆 40 年的快速发展是中国改革开放事业和广州现代化城市建设的一个标杆；广州图书馆在改革开放之初的创新发展、在进入 21 世纪以后的转型发展在国内国际图书馆界都具有广泛的引领示范意义。

第三重解读：面向公众 ①

广州图书馆于 1982 年 1 月 2 日在中山四路正式开馆，2012 年迁入珠江新城新馆，到今天为止，已经为广州市民服务了整整 40 年。

40 年来，广州图书馆坚持开放办馆、服务立馆，推动图书馆事业始终走在图书馆界前列，在全省全国创造了 20 多项"率先"服务。如率先实行春节假期开放，率先实行图书开架阅览，率先开展自学考试辅导讲座，率先实现全部数字资源互联网服务，率先系统开展文化交流服务，率先开展纪录片服务，率先实行免押金注册，率先通过地方立法实现政府保障标准化，率先在全国建成中心馆总分馆体系，率先大幅提升读者证外借文献数量。我们还率先建立理事会，积极推动社会参与图书馆治理与服务。这些创新举措推动图书馆在 40 年间实现五大转变，即由以藏为主转向以用为主，由实体图书馆转向数字图书馆、复合图书馆，由传统服务向多样化服务转型，由个体服务转向体系服务，由无偿服务、惠民服务转向权益保障服务。这五大

---

① 摘自 2022 年 1 月 2 日《在"风正帆悬——广州图书馆 40 年"成果展开幕式上的致辞》。

转变显著提升了图书馆公共服务水平和广大市民的获得感、幸福感，也使广州图书馆成为广州这座现代化国际大都市的城市文化地标、城市窗口和"城市的心脏"。

回顾 40 年发展历程，我们强烈感受到广州图书馆非常幸运，我们的发展幸得天时、地利与人和。

从天时来看，广州图书馆的发展与中国波澜壮阔的改革开放和现代化建设事业基本同步。中国改革开放进程、全球信息化浪潮、经济与文化全球化提供了广阔的社会背景和基础框架。

从地利来看，广州图书馆的发展离不开广州这座城市的大舞台。1982 年开馆的广州图书馆是改革开放后广州市新建的第一个大型文化设施；2004 年立项、投资 13 亿元建设的广州图书馆新馆，也是进入 21 世纪、广州新一轮文化设施建设高潮中的第一个项目；2006 年举办高级人才研修班，2011 年实现免费开放，2015 年《广州市公共图书馆条例》颁布施行、全面推动"图书馆之城"建设，2019 年馆藏实体文献总量突破 1000 万册，这些无不体现出市委、市政府对图书馆事业的高度重视和大力支持。

从人和来看，广州图书馆的发展离不开广大市民和社会各界的大力支持、积极参与，以及全体员工的不懈努力。40 年来，我们处于一个公众对知识、信息与文化需求"勃发"，各种主体的社会责任意识、社会参与意识"勃发"的时代，这使公共图书馆的资源、服务、平台具有强烈的时代价值。在 40 年发展历程中，有众多的机构、团体、个人向图书馆捐赠文献、设备设施、艺术作品；近年来，我们每年有近 300 个合作伙伴与图书馆合作举办活动，每年有超过 5000 位志愿者参与图书馆公共服务，与我们合作建设图书馆分馆的主体已经超过 90 个。我们还得到广东和全国图书馆界的关心和支持。当然，40 年来一代代广图人坚持"一切为了读者"的理念，敢为人先，主动作为，积极履行时代使命。

我们很高兴，正由于有天时地利人和，我们在短短 40 年间建成了与广州市经济社会发展水平和城市地位相称的城市图书馆和城市图书馆体系，成为中国改革开放后图书馆事业快速发展的标杆，以及图书馆在互联网时代转型发展的典范，在国内国际图书馆界都发挥了引领示范作用。

为了与广大市民分享广州图书馆 40 年的发展历程及取得的成绩，表彰和感谢社会各界对图书馆事业的关心和支持，也激励图书馆人接续奋斗，营造良好的社会共建共享氛围，我们今天特举办"广州图书馆 40 年"成果展。

40 年风正帆悬，40 年同舟共济。在此，我要对长期以来关心和支持广州图书馆事业发展的市委、市政府、市文化广电旅游局、相关部门及各级领导表示最崇高的敬意！对关心、支持广州图书馆事业发展的广大市民、广大读者、专家学者、艺术家、合作伙伴、志愿者、媒体朋友们以及图书馆的前辈们、历任领导表示最衷心的感谢！

一切过往，皆为序章。站在新的历史起点上，广州图书馆人将继续以习近平新时代中国特色社会主义思想为指导，秉承"传承文明，服务社会"初心使命，为广州市建设社会主义文化强国的城市范例贡献力量。

我们需要发起图书馆专业化运动

　　2004 年，在纪念现代公共图书馆制度在中国建立百年之际，中国图书馆界发起了一场"新图书馆运动"，主要内容是通过梳理百年发展历程，反思并推动重新确立和贯彻落实联合国教科文组织和国际图联共同颁发的《公共图书馆宣言》所倡导的自由、平等、免费理念。这一运动与我国政府倡导和推动的和谐社会建设形成合力，推动我国公共图书馆先后实现免费开放、服务体系建设、《中华人民共和国公共图书馆法》制定实施三大突破性进展，使整个图书馆事业的面貌焕然一新，极大地推动了图书馆事业的发展。

　　站在新的历史起点上，重新审视"新图书馆运动"倡导的理念，我们看到，我们的理念与随后确立的事业目标并未完全实现。政府提出文化强国的远景目标充分体现了持续推动事业发展的明确意愿，然而我们也看到，经济新常态、新冠疫情以及国际关系大变局等带来的政府主体投入保障能力和社会主体参与能力的下降与诸多不确定性。因此，在新的历史条件下，我以为，有必要在发起"新图书馆运动"二十年后，在图书馆界发起一场专业化运动。

专业化运动的内涵，是继续践行自由、平等、免费理念，其主体是图书馆界；其目标指向有二：一是推动政府主导、社会参与，共同建立和完善覆盖城乡的基层服务体系。其路径，是通过图书馆界专业化的服务、管理和运营，实现服务效能和专业化服务、创新服务水平的提升以及图书馆功能与作用的发挥，以充分满足社会需求，也充分彰显公共图书馆的社会价值，进而争取政府和社会主体持续的投入保障与参与。二是最大限度推动文献信息资源的自由开放，保障公众自由阅读的权利。其中既涉及意识形态领域，也涉及图书馆自身与市场领域，既涉及观念问题也涉及技术手段问题。其中现实可行的领域与路径至少包括：一是要突破图书馆界还比较广泛存在的以馆藏公共资源为馆藏自有、"私有"资源的观念和现状，让图书馆内的资源充分开放，自由地为社会公众利用，充分发挥资源价值；二是要突破市场力量在文献信息资源方面构筑的各种利益障碍，如不同数字资源供应商构筑的限制资源整合、一体利用的格式障碍、市场细分障碍，通过不合理利用版权政策构筑的各种经济利益障碍等。其路径，包括积极参与支持开放科学、开放存取、开放数据等运动；也包括利用人工智能、大数据、云计算等新技术自主整合，最大限度实现数字资源的一体化服务；还包括充分利用新技术，实现无版权实体文献资源的数字化与网络化服务。

我们职业的专业化程度还很有限

　　学术研究的表达一般是理性、平和的。然而，我在撰写论文《公共图书馆需要大力倡导专业化发展》（发表于《图书馆建设》2021 年第 6 期）时，经过理性地思考，决定还是要"放纵"一下自己的情绪，希望由此刺激图书馆界的同人更多地关注职业的专业化问题。下文摘引该文的结语部分。

　　在当今这个专业化的时代，作为图书馆从业人员，笔者不时会因职业的专业化不足而感到遗憾。专业化不足的典型表现有：一是图书馆行业缺乏及时公开的年度报告、统计数据，缺乏行业声音。从社会的视角看，图书馆行业未能顺应时代潮流，积极推进信息公开，也未能与社会、公众建立基本的对话制度，未能积极参与相关公共事务的讨论。从行业的视角看，无法支持基于量化数据的科学研究，使事业发展和创新服务缺乏可信的研究支撑，也难以明确自身在世界图书馆体系中的发展水平，而这恐怕也是造成业界与学界存在脱节状况的原因之一。从政治的层面看，一个默默无闻的事业恐怕难以获得太多的理性认知、关注、支持和投入。而在与公共图书馆服务密切相关的领域，却存在着具有代表性的报告和公共传播事件，如中国新闻出版研究院每年发布的《全国国民阅读调查报告》，2021年已发布第18次，而且每年都是在4月23日"世界读书日"活动期间发布，让媒体、公众普遍关注，也让图书馆人倍感尴尬。中国互联网络信息中心（CNNIC）已经发布了第47次《中国互联网络发展状况统计报告》，是最权威的报告之一。该报告数据应用广泛，不仅被纳入中国政府年度统计公报，还被联合国、国际电信联盟等国际组织普遍采纳，共同见证互联网推动中国经济、社会、文化快速发展的机遇与挑战；该报告还支持全文下载利用。此外还有多个主体发布数字阅读年度报告。

二是图书馆员作为专业化群体，尚未获得与其他职业群体和国外图书馆员群体同样的社会认同。与代表性的职业如教师、医生、律师等差距较大。图书馆职业尚未建立通行意义上的职业标准和职业资格认证制度，从业人员入职门槛不明确或偏低，导致部分公众包括部分政府领导对图书馆行业的印象仍然是图书馆工作什么人都可以干，什么人干都一样，故难以获得较高的社会认可、尊重和支持，这样的印象对基层图书馆事业发展的影响尤其巨大，对图书馆人而言则影响其建立较高的职业认同。

国家已经明确在2035年建成文化强国的宏大愿景。公共图书馆事业作为社会的知识与文化基础设施、国家基本公共服务体系的重要组成部分、需要推动高质量发展的公共事业，与专业化发展路径或专业化、职业化人才队伍建设，在当前的现实环境下，可以理解为表里关系——而无论"表""里"，都可谓任重道远，且时不我待。图书馆行业、图书馆诸君需要共同努力，奋发图强。

图书馆员的境界

　　今天看了广州图书馆理事会理事陈铿先生分享的一段短视频，述其钟情艺术、从容追求之心路，颇有所感，遂缀联语以赠，曰："一身清静气，物我两乾坤。"因触动心思，浮想联翩，想到十数年中接触过的人们，有寥寥数人，或亦当得此评。一位是韩国光州广域市一美术馆馆长。2010 年时我与同行数人参观该馆时拜访该馆馆长。一见之下，心头震动。但见该馆长儒雅从容，坐如山岳，端庄昭穆，绝无平常交流时所见哪怕艺术家亦难免俗的浮躁之气，是中国传统儒家所说修养身心到极高境界的人物。一位是广东纪录片界的前辈名家郭际生先生。郭先生说话时意态从容，一字一句，逻辑缜密，词句精练，思想坚定，当得字字珠玑、句句锦玉之美誉，而独坐时安安静静，气定神闲。同样令人印象深刻的是，郭先生说起去美国旅行访问梭罗创作名作《瓦尔登湖》的工作与生活场景之所在：第一次去时为时已晚，入口关闭，悻悻而归；因不甘心，第二天一早再去，终于置身、沉浸于作者笔下的瓦尔登湖畔，感受同样的环境、心绪，呼吸吐纳，思接天地，与作家、作品遥相感应。听郭先生娓娓道来，委实令人动容。

因又想到王国维"人生三境界"说。再想自己作为一名图书馆员，又应具备何种修为、境界？经年所思所行，或亦可拟为三境界。曰：

专业化。作为一名图书馆员，提供公共服务的专业人士，抱持美好的社会理想和崇高的职业伦理，心心念念，以服务读者大众、服务社会、促进社会进步为己任，以实事求是、精益求精为标准，勤勉工作，努力学习，专注事业，研精覃思。及至成为部门或馆的不同层面的管理者，目标明确，思路清晰，清醒务实，专注于用专业方法实现管理绩效、政策目标和职业理想，也渐长于行止取舍，随机权变。此时心态，与角色作用，是以专业人士为底色的职业经理人。

书卷气。到年纪稍长，更多精力放在图书馆的管理、发展上，因工作中包含了大量文化艺术的内容，也需经常与文化艺术及社会各界交游，深感作为图书馆员，尤其作为图书馆馆长，须有较好的文化修养。图书馆馆长应该是一个文化人，对多个文化艺术领域要有一定的认识和修养。同时更应该是一个读书人，腹有诗书气自华。对图书馆馆长而言，最好的气质就是书卷气。现代人的教育水平普遍提高，已有很高的知识水平，但书卷气只能靠长期的读书、思考涵养而成。

清静气。然而人生不止于工作、读书、求知，人生更高境

界，在于追求生命的意义，在于物质、精神生活还可贯通，对
日常生活、书本知识，有一整体通达的理解、认知、践履，或
如中国哲学之主题，要找到入世和出世的道路。在此之上，于
人于己皆能和谐相处、身心安泰，如经年美酒，经过时间的积
淀，可以享受更为醇厚、平和、从容的心态与生活。当此时也，
外在世界为一乾坤，内在世界又为一乾坤，而所谓两乾坤者，
又有何分别耶？当然，一个人，具备了独立、贯通思考的能力，
就意味着进入了一个自由王国。

领导与管理

再论管理的科学性与人文性

在谈到管理工作时，我们经常说，管理是一门科学，也是一门艺术。科学性强调的是规律，针对的是管理中的普遍性；艺术性强调的是手段、技巧和智慧，针对的是管理中的特殊性、个性。在图书馆行业的管理实践中，在以前比较强调科学管理的时期，对管理有这样的认知和理解或许是全面的，但在新时期，环境和要求有了比较大的变化，我想，在科学性、艺术性之后加上人文性或许是有必要的。

公共图书馆的管理者，许多都是专业的图书馆工作人员，相对而言，有比较丰富的专业工作知识、技能和经验，而管理的基础则相对薄弱。在这一背景下，当面临时代、环境的挑战时，公共图书馆的管理者可能至少面临三重挑战。

其一，是从专业工作转向管理工作，面临管理认知和实践水平提升的挑战。按现在管理科学理论的发展，管理已从经验管理、科学管理发展到文化管理的时代。经验管理提供了管理工作中最基本的原则，如分工协作、组织管理、成本控制等，能够应对小型机构、复杂度较低的管理工作。经验管理的问题是科学性、系统性不足。科学管理（此为理论意义上而非一般观念意义上的科学管理），"以任务为中心"、以"经济人假设"为支点，有基本原理、经营管理、组织管理、人际关系管理等系统的科学理论的支撑，有由计划、组织、经营、指导、监督等环节组成的成熟的管理模式，是当前管理工作的主要模式。科学管理的缺陷是对人的主体性关注不足。文化管理"以人为中心"、以"观念人假设"为支点，强调人是复杂人、变化人、主观能动的人。文化管理是相对先进的管理理念，已在不少的图书馆应用。当代的图书馆管理者，需要跟踪、学习、掌握、应用这一系列的管理科学理论成果。

其二，是强调管理与专业工作的有机结合，面临管理专业化水平提升的挑战。此处首先要强调的是图书馆管理者的责任主体意识。在图书馆事业发展过程中，公众与社会起需求驱动作用，政府起政策目标设定和要素投入保障作用，图书馆起运营管理、将政府要素投入转变为资源保障以满足公众与社会需求的作用，社会力量起对政府和图书馆的支持、支援作用。当前公共图书馆事业承担着建设完善体系，以实现普遍均等服务、保障公众基本文化权益的时代使命，但同时面临着政府投入保障不足或管理缺位的困难，因此需要图书馆行业发挥责任主体作用，其中尤其需要图书馆管理者发挥主体作用。其次，面对自身社会功能转型发展，需要通过专业化实现新功能内化的重要任务，同时需要提升管理精细化水平以提升管理绩效、服务效能，以及妥善应对人员队伍学科专业背景多元化下的专业化水平提升和职业化建设问题。上述各条，都迫切要求图书馆管理者提升管理专业化水平。其中，制定发展规划，实施战略管理是一个典型的管理专业化的领域。通过组织制定发展规划，可以系统研究、明确图书馆的发展理念、方向、重点；通过规划实施，可以保障业务与管理工作目标的实现。

其三，是强调适应当前的环境和要求，面对管理合规化、治理体系变革与管理主体多元化等挑战。理论上讲，任何管理设计都可以达到理想的效果，但不同的管理体制机制对管理者提出的挑战，其难度可能截然不同。当前我国图书馆管理所处的环境，或许已经超出了各种科学管理理论所假定的社会背景，所以，单纯应用科学管理理论已不足以指导实际工作的开展和解决其中的问题。如对经济活动的合规管理，以前强调的是管理各层次、各环节的内在约束与制衡，现在则还有外部审计、内控制度的建设与内部审计，在行政管理的约束以外还有同级党组织的监督机制等。综合机制运用的结果，当然是工作的日益完善，但也存在内部监督的逻辑缺陷，以及繁复的机制建设和大量的成本投入等问题。如果是一个规模较小的单位，难度确实较大。又如管理的系统性与多主体管理制衡的内在冲突问题。管理强调系统性，强调闭环，强调责权利的统一，但目前需要建设与完善多主体的领导监督体制，在实践过程中容易产生决策主体多头、责权利不统一、决策成本高、管理"破环"

等问题。管理是系统工程，但管理实践中容易面临系统的发展规划与割裂的资源配置的矛盾。

故此，在当前图书馆管理实践中，在强调合规管理的基础上，需要重视和强调管理的人文性即人文动机、主观标准，在最基础的层面上，达成底层共识。这些动机和标准，可以包括人性、尊重、信任、协作、系统、务实、开放、包容等。

理念是生产力

　　公共图书馆最重要的理念是联合国教科文组织和国际图联的《公共图书馆宣言》所倡导的自由、平等、免费的理念。其中，自由理念的内涵，包括信息自由、阅读自由，在中国的语境中，可以具体理解为在国家政策框架内，图书馆所有的资源与服务可以自由地为所有人无障碍地利用，相当程度上可以与"开放"作为同义语。平等理念首先针对和解决的是服务对象因经济条件不同而造成的对公共图书馆资源和服务利用的不平等；其次，是针对各种身体、身份、年龄等方面存在不便的特殊群体，他们在利用图书馆方面有种种不便，图书馆人需要主动为他们提供针对性的服务；在现阶段，针对外来务工人员、外国旅居人士等新居民，图书馆也需要采取针对性的措施来提供或促进服务；当然，现阶段更重要的是，要通过完善基层服务体系让所有城乡居民享受普遍均等的服务。在中国的语境中，平等与共享在很大程度上也是同义词。免费理念的法理依据是，公共图书馆是公民和各种组织通过纳税支持的公共事业，理所当然要为公众、社会提供基础性的免费服务，它是保障公民自由、平等利用公共图书馆资源与服务的前提条件。2011 年，国家文化主管部门在全国推行公共图书馆免费开放，这是中国公共图书馆发展史上的一个里程碑事件，意味着国际通行的自由、平等、免费的理念在我国国家政策、财政保障的层面得到了落实。按 2004 年"新图书馆运动"以来我国图书馆界达成的共识，2011 年全国推行的公共图书馆免费开放，《中华人民共和国公共图书馆法》提出的平等、开放、共享的服务要求和体现出的立法精神，图书馆的基本理念可以表述为要保障公众自由、开放、平等、共享、免费地利用公共图书馆资源与服务的权利。

中国改革开放进程中，我们常说，观念也是生产力。同样，在公共图书馆，理念也是生产力，即理念的贯彻落实可以产生效益。当然，要实现转换，理念需要变成政策和服务举措。广州图书馆在这方面有一系列的设计和实践。

开放或自由的理念，落实在建筑空间、资源、服务的尽可能开放上。在建筑空间的设计上，广州图书馆新馆设计超越了建筑规范要求的大开间，而是大空间，没有物理上的间隔，除了占比约 8% 的书库空间以及按规范设置的设备用房、办公空间外，其他空间读者都能到达。在资源上，图书馆原设计 550 万册馆藏量中，有 400 万册开架借阅，占比约 73%，并尽可能地提供外借服务，读者可以自由浏览、利用开架的文献资料。新馆开馆时，我们的读者一次可外借的书刊文献数量为 15 册，后面先后调增为 20 册、30 册。在公众入馆政策上，广州图书馆一直实行自由入馆，除安检外，任何人无需任何手续即可进入图书馆。对非本地居民，我们也同样提供服务，外地旅居者与广州居民的区别仅在于我们为前者提供为期两个月的文献外借服务，后者则是长期服务。在数字资源服务上，我们从 2008 年开始推进资源的全外网服务，2012 年以前基本实现通用资源的互联网访问。

在平等或共享理念的落实方面，广州图书馆最重要的举措是，从 2012 年新馆开放开始，对所有人实行免押金注册服务。以此为基本措施，消除任何人因个人经济原因利用图书馆的障碍，因为哪怕只收 5 元钱作为押金，也会对一部分人构成困扰；也以此为基本举措，从心理层面吸引大量公众积极利用公共图书馆资源与服务。我们在服务实践中看到，很多人第一次走进图书馆，在惊叹城市可以提供的公共服务以后，普遍的行动就是注册成为读者，来充分利用城市的公共资源。2020 年以来的新冠疫情防控期间，根据政府要求，公众需要预约入馆并留下联系方式，因需要收集的公众信息与图书馆注册需收集的个人信息相同，因此图书馆具体落实为先注册后预约入馆。令我们惊讶的是，2021 年新增注册读者达到 61 万人，是以前年份平均数的 2 倍；2022 年春节期间，新增注册读者占入馆读者的比重高达 28%。疫情防控期间的特殊要求为我们提供了一个观察政策效益的机会。

在免费理念的落实上，从 2011 年开始，广州图书馆就借政策东风，争取落实公共财政对人员投入的全部保障，在此基础上，全面推行免费开放。目前在图书馆内针对公众个体的个性化需求，还需要收费的项目只剩下复印打印，停车场停车一度还可享受读者优惠；对公众个人或单位、组织需要的展览、讲座、报告、会议等场地资源需求，也尽量往公益和免费利用方向倾斜。这些政策的落实，使公共图书馆不仅成为公众服务中心，也成为个人、群体、组织以及政府各部门的公共交流平台。

上述各项理念的落实，助力广州图书馆从 2014 年起即成为我国基本服务效益最好的公共图书馆，即使与我们所了解的国外知名单体图书馆相比，广州图书馆的基本服务量也是很高的。广州图书馆从 2017 年起文献外借量超过 1000 万册次，从 2018 年起年接待公众人数基本稳定在 800 万人次左右，从 2019 年起举办交流活动超过 4000 场次，截至 2021 年，注册读者超过 230 万人。

经历管理

从 1992 年算起，我在广州图书馆的职业生涯正好 30 年，其中受聘为部门副主任、主任的时间为 7 年，副馆长 6 年，馆长 11 年，经历或听闻的管理有经验管理、科学管理、文化管理、系统管理、合规管理等各种性质，因此有一些体会、心得值得思考和总结。

广州图书馆于 1982 年建成开放。建馆初期，卢子辉、华瑜、惠德毅等馆领导们有行政管理的经验和书店工作、博物馆服务等经历，都没有图书馆工作和管理的经验。但馆领导们带着全馆同事到全国各地学习取经，勇于探索，形成了"开放办馆"的办馆理念和"一切为了读者"的服务理念以及调动人员积极性的绩效管理办法，我们后来将此总结为"开放办馆，服务立馆"。这或许可以理解为主要是经验管理的成果。深入分析可知，当时管理理念的来源包括共性的管理经验、改革开放与勇于担当作为的社会环境与时代氛围、商业领域有益的管理经验以及开放、务实、包容的岭南文化特色等。可以说，管理工作内核性的东西实际上都已包括在其中，有很强的时代性，也有非常突出的效果，使当时的广州图书馆在全国图书馆界虽年轻却颇具影响。当然我们要认识到，所谓科学管理，一个主要来源是对经验管理中规律性、行之有效的内容的总结，经验管理也往往包含了科学管理中最核心的内容。

21世纪初有几年时间，馆内同事士气高涨，工作氛围很好。原因有三个：一是当时的刘洪辉馆长等领导想方设法，大幅提高了馆员的待遇水平；二是领导们经常到各部门，与一线同事交流，让同事们普遍感受到领导的关心和尊重；三是重视年轻同志的成长，让同事们有比较多的学习机会。如果用马斯洛需求层次理论解释，就是比较好地解决了馆员们的生理、安全、社交需求等。其中包含了绩效管理和组织文化建设方面的核心内容。

2009—2010年，我建议并主持制定了广州图书馆2011—2015年发展规划。该规划具有以下几个特点：一是基于系统调查研究支撑，对国际国内公共图书馆的现状与趋势、机遇、挑战、优势、劣势有清晰的认知，在此基础上，明确自身的定位、目标、任务与路径；二是广泛征求各方意见，基于馆校合作方式组织业务骨干深度参与的同时引入中山大学教授团队作为合作伙伴，双方优势互补，实践认知和学术研究兼长，既有馆方自主提出、符合地方与图书馆实际的核心意见，又充分吸收来自业界、学界和相关方面的意见；三是采用国际通行体例，从背景、愿景、使命、理念、目标到具体目标、策略、行动方案、指标体系，形成了一个逻辑清晰、内容明确、指导性与操作性兼具的发展规划；四是在内容本体上，第一次明确提出了愿景、理念、使命、目标以及对象化、主题化等主要发展路径。该规划在引领发展、鼓舞士气、争取支持、宣传推广等各方面都产生了非常积极的效果，与即将建成开放的广州图书馆新馆共同构成新时期大发展的软硬件。该规划也被视为广州图书馆推动科学管理的一个里程碑。重视发展战略、规划管理成为广州图书馆的一个鲜明特色。

与广州图书馆"十二五"发展规划相适应，我们推进了相对系统的组织文化建设。这一轮组织文化建设的重点，是配合规划的贯彻实施，宣传推广愿景、使命、理念、目标等新理念，在馆内营造鼓励创新发展、多样化发展的浓厚氛围。

在 2012 年底新馆部分开放运营之前，我们重点推进了绩效管理。当时提出了有效益、有特色、有影响的目标，路径是服务的主题化、对象化，将服务需求最强的群体如未成年人、服务效益最好的文献类别与主题资源，通过统计服务数据进行界定，然后在服务平台设置、空间资源、文献资源、人力人才资源、活动资源等各方面予以优先保障。我们的绩效管理效果显著，在新馆全面开放的次年，主要服务指标即跃居全国公共图书馆第一位，此后一直处于遥遥领先的位置。绩效管理的要求也来自政府，尤其是财政部门，所以近年来越来越得到重视和强调。2018 年党中央和国务院联合发文推进经费预算全面绩效管理。2020 年以来，因突发新冠疫情，公共财政骤然紧张，此时更为强调要过紧日子，对财政经费的绩效管理要求也越来越严格。

2015 年、2020 年我们继续组织编制了第二个、第三个五年发展规划。2020 年编制第三个五年发展规划时，基于服务效能多年处于高位但增长潜力有限，全市图书馆体系基本建立，文献信息资源总量超过 1000 万册，人才队伍超过 300 人，保障能力上了新台阶。在新的基础条件上，我们第一次对服务定位进行了调整，即除了主体的大众服务、基本服务以外，提出了强化知识服务的新定位，并相应提出强化文献信息资源系统保障能力、人才队伍专业化服务与管理能力的新要求；在管理上，提出系统推进管理再造的新任务，内容包括：强化规划引领的管理特色，侧重激发人员活力的项目管理，引入以完善管理体系为目标的卓越绩效管理体系，推动以人为中心的业务流程管理，完善多中心业务决策机制，建立基于服务单元的多层次、立体化的服务管理模式。同时，根据新的五年发展规划，组织制定文献信息资源建设、人才队伍建设两个专项规划和智慧图书馆建设专项方案。

从专业岗位成长起来的图书馆管理者，相信都会自觉学习实践一定的管理理论，有部分人还会争取进修一个公共管理专业学位。就我自己的经验而言，我利用过的管理理论有目标管理、量化管理、商业管理、公共管理、授权管理、战略管理、规划管理、法人治理、平台商业模式等，印象最深的是当代管理大师彼得·德鲁克的相关观点。如他在《卓有成效的管理者》一书中认为：一个结构设计臻于理想的组织，应该没有任何会议，会议是组织缺陷的一种补救措施；对组织发展而言，专注优势比解决问题重要。而我推动规划管理的体会是，抓住机遇比解决问题重要。我也认真观察和总结过发达国家图书馆的管理运作模式，其中一个主要心得是，专业管理简单化，任何工作都要尽量控制参与人员范围和程序性成本。其他管理体会包括，强调不同层面的职责与授权，强调以此为基础的团队协作和最大限度地发挥组织的整体效益；强调绩效评估，凡绩效无法评估或预期低的事项，能免则免；随着公共服务的日益多样化，多中心业务决策机制是必要的。绩效管理的一个重点案例是，2015 年在制定广州图书馆"十三五"发展规划时，我思考研究了那一时期大热的淘宝、天猫等平台的商业模式，确定将"公共交流平台"功能作为新使命纳入图书馆服务模式中。所谓商业模式是可以获得收益的模式，不能获得收益或无法评价收益的项目只能算是"烧钱"项目，也不可能形成商业模式。在当前图书馆界，投入高产出低，或无法进行测评的所谓创新项目尤其是技术创新项目可谓比比皆是。我在管理实践中，一直尽量避免开展这样的项目。作为以专业技术人员为基本身份的管理者，我深信所有的管理理念都要接受技术的检验，准确地讲，是接受数据的检验。而凡是得不到检验的思路、项目，充其量只能算是探索、尝试，而决不能说是成功的实践。

　　近年来，国家不断推进对事业单位管理体制的改革探索。

第一个重点，是推进法人治理结构改革试点。2012年广州图书馆成为广州市、广东省首批试点单位之一，并成为国家编办试点联系单位。在试点过程中，我们探索过理事会构成的"三三制"原则，配套建立了专家咨询委员会、读者委员会、年度发展咨询会议等配套制度。这项改革以章程为依据，以理事会为机制，在推进利益相关方参与治理，发挥理事会咨询协调各方、争取各方理解支持、促进业务决策民主化科学化、推进绩效目标法定与年度报告信息公开方面都发挥了积极的作用。当然，因各种基础条件配套不足，理事会作为决策机制的作用尚未能充分发挥出来。

第二个重点，是事业单位的各种"合规管理"。2012年"中央八项规定"提出以后，政府持续强化"三公经费"、政府采购、经费收支等规范管理，并逐年强化审计监督、内审制度建设等新要求。2017年接受市委巡察以后，广州图书馆进一步强化民主集中制决策机制、"三重一大"监督决策制度、一岗双责等党风廉政建设责任制等管理工作。随着事业单位合规管理，尤其是党建要求的不断提高，图书馆管理已形成越来越多的中国特色。但在各种合规管理要求中，仍存在未经统筹、协调不足的情况。凡此种种，使如何将中国实际与科学管理结合成为图书馆管理工作面临的新问题，也使图书馆同样面临重构治理体系与治理能力的新任务。

对规划管理的底层思考

　　广州图书馆一直非常重视规划管理。我们从 2009 年开始，至今已经历三个五年发展规划的编制和实施。关于规划管理我本人和同事们先后做过一些研究，图书馆界近年来也已经产生了大量的实践和学术成果。这里想从最基本的层面上再进行一些思考。

　　规划管理的主要特点我认为是系统性。一是从管理思维的角度，这是一种系统思维。为了制定规划，需要进行系统的研究。如背景研究，一般采用的 SWOT 分析框架，既包括外部的机遇、挑战，又包括内部的优势和劣势。规划本身，包含体系化的内容。如广州图书馆及其他越来越多的图书馆采用的规划框架，包括愿景、理念、使命、目标、策略、行动方案、指标体系等从宏观到微观、从理念到行动、从服务到保障、从业务到管理等各方面内容。规划周期相对较长。为配合各级政府规划，一般都选用五年为一个周期。为制定一个规划，需要组成馆内团队，也需要外部专家团队，既需要馆员主体参与，也需要利益相关方广泛参与，会动用文献调查、用户需求调查、实证研究、焦点小组等各种方法，经历计划、动员、调研、起草、论证、审议等各环节，有的甚至还有报主管部门审定的程序。规划的过程往往需要半年以上的时间。规划思维往往还具有战略思维的特点，尤其对于初次制定规划的机构，以及对面临或界定了战略机遇的规划而言。广州图书馆的"十二五"发展规划正面临新馆建成开放的历史机遇，因此具有典型的战略规划的特征。

　　二是从管理实践的角度，这也是一种系统实践。规划的效用不仅在于认知上的引领，更重要的在于实践。广州图书馆采用几个基本的机制保障规划的落实。一是明确每个策略乃至行动方案的责任部门，并确定大致的时间目标要求，要求相应的部门根据全馆规划主动贯彻落实。二是每一个五年规划确定之后，总会面临业务架构、业务重点、绩效目标调整变化的问题，因此在规划制定后，要对全馆的业务架构、岗位资源配置、人员聘任依次进行调整，以此在组织结构的层面首先保障规划的落实。三是规划期每年的全馆年度工作计划、年度绩效目标以规划为主要依据，以此对接、保障规划主体内容的落实。四是配合总体规划，修订、完善如文献信息资源、人才队伍资源、技术保障等方面的专项规划，在专题领域进一步保障落实。五是每年对规划内容进行讨论，在实施过程中动态修订、补充、完善。广州图书馆以上述多项措施，从全馆到部门、从组织到业务不同层面推动规划的贯彻实施。广州图书馆的三个五年规划基本上都遵循上述路径贯彻实施，总体上也取得了非常好的效果，逐步形成了规划引领的管理特色。

从管理的角度，不论是思维还是实践，规划管理都可以提供一个良好的管理工具、框架。我想，很多时候，对不少图书馆而言，这甚至可以理解为或意味着一种管理动机，或管理的理由。它让我们有理由拿着规划开展宣传推广，争取政府和社会支持，也容易在馆内形成共识持续推进相关各项管理工作。

正由于上述特点，规划管理的理论价值自不待言，而尤其具有实践价值与现实意义。当今时代是一个容易迷失的时代，在组织外部有太多的不确定性。如新冠疫情，恐怕所有人都始料未及，且绝不会想到会持续两年多时间并且其影响远未结束，造成政府对图书馆投入的困难和系列服务方式的改变等；在这样一个互相关联的世界，在百年未有之大变局下，中美关系及中国与国际的关系、俄乌战争等对我国的影响，也不可避免地会延伸到很多图书馆。在组织内部也有很多的不确定性，无论管理者还是普通馆员都承担了越来越多新的责任。对于整个图书馆行业来说，管理层比较频繁的人事变动与非专业化也对图书馆的管理提出了基础性的挑战。随着国际关系的快速而复杂的变化，以及管理要求的变化，图书馆个体与其他图书馆、与行业、与国际图书馆界的疏离感也似乎越来越强，似乎也同样面临着一个逆全球化的时代，感觉很多问题需要图书馆个体独自面对。我国公共图书馆事业发展到今天，本应进入专业化发展的时代，但恰是上述各种变化让专业化似乎更难以实现。

规划管理的配合条件。说到底，规划管理是理性引导的管理。它的理性特点，从逻辑上讲，需要信仰即组织、个体层面的动机与之相配合，前者表现为图书馆的组织文化，后者表现为馆员的职业伦理。前者当然可以通过管理者的努力与管理安排实现，但要激发馆员的心理动机却不是一件容易的事情。尤其是当前我国事业单位人事管理的主要挑战之一即是绩效管理手段有限，而普遍面临馆员队伍活力不足的问题。在馆员动机激励或活力激发方面，我想，基础性的路径包括：馆员职业成长与组织成长、与图书馆规划贯彻实施同步；其中更为底层的是公共图书馆馆员以知识服务社会的职业伦理的普遍树立和自觉实践。

定位最重要

在图书馆管理中，定位即科学定位图书馆功能最重要。因为处在广州，同一个城市中既有市馆又有省馆，所以在日常交往中，常听别人表扬我们，说市馆服务效益比省馆好。每当这时，我都会很认真地解释，我们的服务定位不同。广州图书馆作为城市图书馆，主要定位是大众服务，省馆则更强调以资源聚合为基础的文化传承与研究服务功能。作为大众图书馆，服务对象各群体中要优先保障未成年人与普通成年人，服务内容主要包括面向基本需求的文献、知识、信息、阅读推广、文化鉴赏、学习与交流空间及相应设备设施等，其中提供的资源优先保障休闲阅读和学习，提供的服务以文献流通、通用数字资源远程获取、阅读推广、展览讲座报告等为主。类似定位问题，常引起业界广泛关注。如这些年业界曾热议一个国家的国家图书馆要不要开展未成年人服务问题，我以为，在一般意义上，开展未成年人服务不应在国家图书馆优先考虑的事项之列。我们也曾看到有的省会城市图书馆因要保持良好的服务环境，而暂停或限制未成年人服务的例子。我以为，这种情况属于在努力方向上存在偏差。

不同图书馆功能定位各不相同，相应地在服务对象、服务内容（提供资源与服务）上各不相同，绩效目标也有所区别。如果说管理首先要明确是什么、做什么以及做得好不好三个最基本的问题，即界定功能定位、明确产品与服务、明确绩效目标，那么定位可以说是管理工作的逻辑起点。当然，三个基本问题是相互依存的关系，功能定位与服务是否得当，都要接受绩效结果的检验。以这方面的标准衡量我国公共图书馆的情况，我以为，无论省级图书馆还是县（区）级图书馆，比较普遍存在的都是定位偏高而绩效偏低的问题。省级图书馆可能过于强调研究服务，而县（区）级图书馆则过于强调信息服务、决策参考服务等。总体而言，在公共图书馆定位上，业界需要更多地强调大众服务，相应地在服务的设计与宣传上，应该更多地强调为当地居民、社区服务，而非要争得在业界甚至是国际图书馆界的领先地位。我以为，这是公共图书馆的底色。每个公共图书馆都不要忘记或丢掉自己的底色。

当然，具体到每个图书馆，除所在层级图书馆的共性定位以外，还必须有个性化的定位，也即我们通常说的"一个馆有一个馆的使命"。在这点上，我比较认同深圳图书馆的定位。广州与深圳图书馆，都属于副省级城市图书馆，但广州市同时有省馆、省科技图书馆存在，所以深圳图书馆在文献资源保存上的定位与广州图书馆就应该有所不同。

一千万

——再论图书馆定位

　　广州图书馆可以作为有适当定位的一个案例。

　　广州图书馆在 2015 年时年文献外借量超过了 1000 万册次，这在中国的图书馆界是一骑绝尘。要知道，半数以上的省级、副省级图书馆一年的外借量在 200 多万册次。就我所知，国外的单体图书馆也没有超过这一数字的。广州图书馆有这样的服务效益，就是它将自己定位为大众图书馆的一个结果。广州图书馆的历史短，长期以来条件也有限，无论经费、人才、文献条件都是如此，故主要定位于公众服务，而多年来也是一直致力提升大众服务。2012 年新馆建成开放后，馆舍条件有了飞跃；政府对购书经费的投入从 2011 年开始一年上一个台阶，连续四年，每年增加 1000 多万元，达到 4000 多万元；2015 年地方立法以后，政府对购书经费的投入保障更是纳入了法定的轨道，目前为 5000 多万元，带动文献资源条件明显改善。而在服务政策上，本着开放、便利的原则，注册读者每证外借文献从 5 册增加到 15 册、20 册、30 册，以充分满足公众需求。并且持续保持对所有人开放，不管是本地居民还是外地旅客，都可为其相应提供长期有效注册和 2 个月有效注册服务。注册方式则从到馆人工注册为主，逐步到自助注册、网上注册，再到微信注册为主。新馆开放接近十年，每年新增注册读者维持在 20 万—30 万人，2021 年因为新冠疫情影响，进馆必须先注册再预约，年增注册读者更是达到 61 万人。网络服务的方式也一直以保障读者自主阅读为主，从 2008 年起广州图书馆推进数字资源外网服务，到 2012 年除个别本馆参考咨询用资源外，实现主体数字资源的全外网服务，同时随着全市"图书馆之城"的建设，数字资源外网服务覆盖到全市图书馆体系的全部用户；近年来也同步扩充微信、APP 等多元渠道，故数字资源下载浏览量从无到有，到 2021 年全年接近 1.6 亿篇（册）次。可以说，"十四五"之前，广州图书馆的定位是大众图书馆。而在"十四五"时期，我们提出在高质量发展的主题下，要推进知识服务尤其是地方文献与地方历史文化领域的知识服务。这个定位略有提升。

国际化、标准化与特色化

在图书馆发展过程中，管理者普遍会考虑国际化、标准化与特色化的问题。不单是对广州这样的城市而言，实际上，所有公共图书馆都有一个国际化的问题。其原因是，公共图书馆服务于人们基本的、共通的知识、信息与文化权利及其保障需求，而不论各自所处的社会形态、社会制度为何。公共图书馆事业可以说是人类社会普遍的、共同的事业，在经济、科技、文化等全球化的时代尤其如此。在现代公共图书馆170多年的发展过程中，各国图书馆界在政府和社会各界支持下，逐步发展起了一套相对成熟的制度、标准体系。中国公共图书馆事业的发展历程，实际上就是逐步引入、实践和发展这套制度、标准体系的过程。在这个意义上，国际化与标准化可以视作同义词，或者说，标准化是国际化的主要路径，即通过引进、实践国际通行标准实现国际化。对标的国际标准既可以是国际图联这种国际组织制定的标准，也可以个别发达国家——中国对标最多的国家是美国——的国家标准或者发达国家某些有代表性的地区标准来实现。如广州在制定地方公共图书馆条例的过程中，即普遍参考了国际标准、发达国家标准和部分城市标准；广州图书馆在制定发展规划时也选择了新加坡、香港、纽约等对标城市。国际化、标准化还可以通过参与国际合作项目来实现，如苏州图书馆等参与"阅读起步走"项目就是代表性的例子。

公共图书馆要推进国际化发展的理由，还应包括，在新的信息化、网络化、数字化、智慧化的时代，全球的公共图书馆面临共同的挑战：公众的阅读方式，知识、信息保障的方式，社会交往的方式，正在发生改变，图书馆传统的功能、资源、服务越来越多地被替代，面对这样的挑战，图书馆界的主要应对举措，一是推动新技术的应用与赋能；二是推动功能的转型，即作为社会公共空间的转型。在这种转型发展过程中，图书馆界有很多时代性的问题需要探讨，有很多新的理念与经验需要交流。图书馆界普遍面临的共同挑战还包括，各国近年来普遍面临经济压力，在此情形下，如何争取政府更多的财政经费的支持和社会主体各种资源投入的支持。

当然，中国的标准化在与国际化分开使用的语境上，主要指通过标准化的建设与服务来实现服务均等化。这里对这层意义不作重点讨论。

在思考国际化、标准化的同时，一定会考虑特色化的问题。通俗地说，中国和美国的公共图书馆事业一定不一样。我的思考是，在管理的层面，中国与西方国家图书馆事业的不同主要体现在：

公共图书馆体系的结构不同。即中西方国家各层级、规模图书馆的体系化程度不同，西方发达国家相对更为紧密，中国相对松散。背后的原因是国家与地方组织体系的不同，中国的组织化程度高，从中央到地方，行政层级多，一级政府负责一级公共事业，图书馆的层级也就相对较多，且各自隶属相应行政层级的主管部门。如广州这样的城市，行政层级有市、区、乡镇（街道）三级，服务层面还有社区（行政村）一级，而纽约只有一级政府，其公共服务自然只作一个整体的设计。中国体制的优势是，可以集中力量办大事，改革开放后公共图书馆事业的迅速发展是一个典型体现，而美国等西方国家公共图书馆虽也有快速发展的时期，但更多的时候是以自然发展为主。中国体制存在的问题是，运行成本高，同样的投入针对同一公共服务，因其中有各层级行政主体的运行与主体间的协调成本，故总体产出效率会偏低。中国公共图书馆体系在制度设计中，推行县域总分馆体系的建设与整合，但这种体系与行政组织体系并不契合，所以推行起来面临很多问题，有比较大的难度。另外，还有县域以上，同处一个城市的地市级、副省级、省级各层级图书馆资源与服务的整合问题。

中国的国情还带来另一个问题。我国对整个社会的组织，一直到了社区、行政村的层级，在一些公共领域还推行更小单元的网格化管理。在公共服务的提供上，在社区层面有相应的文化室等制度设计。因此，就公共图书馆而言，我们实际应用到的有两套话语体系，一套是国际话语体系，如 1 万—5 万人拥有一个公共图书馆，一套是中国话语体系，如发展社区图书馆服务体系。这两套话语体系有所区别，而在实际工作中，图书馆界以外的人士，包括政府领导、人大代表、政协委员等重要的利益相关者，往往难以区分这两套话语体系。因此，我们经常碰到的一个往往没有解释机会的问题是，深圳的图书馆体系有超过 1000 个图书馆，广州为什么只有 300 多个？前几年全国各地在填报有关营商环境的指标时，有的城市甚至声称有超过 3000 个图书馆。对于这方面的问题，我个人的意见是只有不断地进行宣传，才能在全社会树立更为科学明确的图书馆意识与标准。

图书馆的社会功能不同。在公共服务的横向组织上，我国也划分得更细，如公共文化领域，我们常说有"图文博美"四大系统，而西方国家普遍没有文化馆的设计。因此，相对而言，中国公共图书馆的社会功能，在基本的社会分工的意义上，比西方国家更狭窄一些。西方国家公共图书馆作为社区文化空间、社区交往场所的功能一直存在。当然，我想，同样作为专业机构，公共图书馆因其包容性——体现为服务社会需求的基本层次以及相应的受众面最广——而最具备拓展为社会公共空间的潜力，实际情况也正是如此。同时，考虑到在社会转型期社会公共空间的建设需要吸引公众的社会参与，而我国的社会公共空间建设在传统上缺乏相应的实践。实际上，近年来中国的公共文化机构都在社会分工的空白地带寻求转型发展，但应该说，公共图书馆表现得更好一些，因此也获得了更多的社会空间去发挥新的作用。

　　图书馆服务对象及相应的底层逻辑不同。中国更强调集体主义，西方更强调个人主义，相应的职业哲学，中国更为强调理想主义、平等主义，表现为体系建设上追求纵向覆盖到底，横向覆盖到边，公共服务上在保障公众个体自主阅读的同时，非常强调阅读的教化作用，倡导读书好、多读书、读好书；西方则更强调自由主义，强调把阅读的选择权交给公众，保障阅读自由、信息自由。中国公共图书馆既强调公众服务，同时也非常强调社会层面的服务，如服务文化传承、服务区域发展、服务国家战略等。中国目前各行各业常用的一种基本思维框架，是目标、问题、需求导向，其中首先强调的是目标导向。西方当然也会服务社会、国家层面的发展，但更强调公众服务，首先强调的是公众需求的识别与针对性的服务保障，社会层面的服务更多地融合在日常公众服务中，相应地在公众服务方面更为稳定、持续，专业性更强。

　　管理体制不同。中国近十年来一直在推进法人治理结构改革，目标是增进社会参与，增强机构自主性和活力，以达到提升公共服务的目的。从 2012 年以来，公共图书馆已普遍参与试点，在利益相关方等社会参与上取得了一定成效，公共服务的活力和效果有一定提升，但总体上改革效果还没有充分体现出来。如社会参与主要体现在咨询、建言层次，但社会参与意志还不能转换成公共决策，图书馆作为法人主体的自主性没有充分确立，活力的激发还远远不够。原因在于没有行政体制改革的配套，事权和人、财、物的决策权并没有从政府部门让渡到理事会。反观西方国家，公共图书馆或为政府组成部门之一，自身即具有决策权；或理事会依法建立，各方面主体参与理事会即依法享有决策权，社会意志成为服务决策的依据，社会需求与政府保障、公共服务在理事会层面建立直接的因果关系。

人气更重要

对图书馆等公共机构而言，一切管理活动的根本目的都是让机构在社会上发挥作用。其表现一为数据，即所谓服务效能，另一表现为人气，即能否发挥作用予人们的直观感受。当然，在虚拟世界里，人气也表现为粉丝数量、同时观看直播的人数、在推文下留言的踊跃程度等。图书馆的服务效能指标很多，包括公众接待量、文献外借量、公共活动量、网络服务量等，但比较而言，公众接待量或人气最为直观，最能在读者中产生相互影响，也最能打动潜在读者、参观者、合作者、评估者、各级领导以及其他各种利益相关方，因此是其中最重要的指标。这方面，我有比较深切的感受。

广州图书馆新馆自 2013 年全面开放后，我们即有显著的、三四倍于旧馆的服务效益，也远远超过新馆日均 1 万人的设计接待量和 1.5 万人的高峰接待量，日均接待量很快达到了 2.7 万人，周六、周日日均达到 3 万—4 万人，最高纪录是一天接待了 51774 人——图书馆管理者、各级领导为此欢欣鼓舞，当然同时也深受环境相对嘈杂问题的困扰。不少读者尤其是老读者向我们抱怨馆里太嘈杂了；甚至有媒体也说，这里不像个图书馆，更像个市场。这当然给图书馆的管理者带来了很大的压力。但经过一段时间的观察，我们发现，如果我们的服务开放政策不变，这个问题短时间内恐无法解决。公共图书馆服务的时间性特征比较强，节假日的服务量通常是工作日的两倍左右。正如在假日的旅游景区、春运时期的火车站等看到的场景，在特定时段，用户远多于平时，必然会带来服务环境和用户体验的改变甚至是质变。在一个图书馆内，接待一万人和接待三四万人形成的环境完全不同，也会完全改变用户体验。因此，除非采取限制人数等服务开放性方面的措施，否则，问题短期内无法解决。当然，长期来看，随着服务体系的日渐完善，有需求的公众将会逐步分流到各社区图书馆，这一状况也会逐步得到改善，不过这一过程会持续较长时间。经过权衡，我们不打算在公共图书馆开放、自由、平等等基本理念上有所让步，故接受了这种结果。

就这一问题，我也多次利用国际交流的机会，向多位知名图书馆的馆长请教，得到的答案无一例外，都认为人气比安静的环境更重要，并且认为，随着图书馆服务的多样化，大量活动引入图书馆，图书馆环境的改变是必然的，在这方面，图书馆员自身要改变观念，也要引导读者逐步接受这种新的环境。实际上，这个问题想深一层，就更清楚了。自 20 世纪 90 年代互联网络迅速发展以后，图书馆即面临转型的问题。转型的原因是图书馆的信息功能及以信息为基础的功能相当程度上已为互联网替代，故公众对图书馆的需求下降，到馆读者日渐减少，因此，图书馆界引入社会学领域的社会公共空间理论，强化公共交流功能，目的就是利用新的功能与服务把公众再吸引到图书馆里来。如从这一层考虑，很显然，接受环境的变化就是必然的了。

　　人气对各利益相关方总体上都产生了积极正面的影响。例如图书馆里旺盛的人气，对吸引其他公众走进图书馆发挥了积极的作用，尤其像广州图书馆新馆在建筑设计上实现了内外空间通透一体的情形下。这也好比餐馆，越是外面停车多的地方，人们越愿意去。图书馆里旺盛的人气所形成的阅读氛围，对读者尤其是年轻读者、中小学生有明显的影响，这也是理想的公共建筑设计所追求的"环境育人"的作用。所以广州图书馆成为中学生群体周末、寒暑假最喜欢来学习、做作业的地方，节假日馆内的阅览座位百分之六七十为中学生所利用。广州图书馆的读者群体也非常年轻，据统计，我们的注册读者 40 岁以下的人超过了 80%。图书馆的各利益相关方，如理事会理事，尤其是各级领导，走进广州图书馆后首先一个强烈感受是没想到图书馆这么吸引人，广州人这么爱读书，有这么多人到图书馆来读书学习、利用公共资源和服务，这对领导而言，是对市委、市政府大力支持公共图书馆事业、公共文化事业最好的回报、肯定和褒奖，也激励各方面领导进一步加大对图书馆的投入和支持。对外地来参观交流的各级领导，则让他们对当前公众对图书馆服务的强烈需求，对图书馆在社会上的功能、作用和所能发挥的效益有了第一次直观且深刻的认识，而这又会促使这些领导加大投入、迅速推动本地图书馆的建设。当然，对外地来的领导和游客，也让他们留下了广州人爱读书的深刻印象，对一些学者、文化人，也颠覆了他们残存的广州是"文化沙漠"的认知。近年来我接待的各方面的客人中，普遍有这样的感受和体会。这也使广州图书馆成为各兄弟省市图书馆对领导开展图书馆意识宣传推广的代表性站点。广州图书馆也因同样的理由，促使多个国家驻广州总领事馆推动本国图书馆与广州图书馆建立了合作关系。

　　还有一个经典案例足以说明图书馆人气的重要性。2012 年广州市开始推动新一轮地方图书馆立法，在互联网迅猛发展的背景下，必须向利益相关方、社会各方解释广州推动实体图书馆发展的必要性，要经历一个向政府各部门、人大代表、政协委员、媒体记者等宣传推广实体图书馆重要性的过程。当时的陈建华市长亲自为图书馆"代言"：谁说有互联网就不需要图书馆了？请他去看一看广州图书馆！是的，到过广州图书馆的人，都会改变对想象中的图书馆的印象。

　　由此也联想到部分专家学者所说的图书馆的另一种转型发展，即由实体图书馆完全转向虚拟图书馆。我以为，一方面，在相当长一段时间以内，此种变化在性质上仍是同一功能在服务方式上的变化，而非功能层面的变革。另一方面，如果我们坚持单一目标的话，那么实体图书馆存在的意义何在？理念层面的图书馆何以成为"生长着的有机体"？图书馆人应该追求这样的目标吗？

人气更重要，是广州图书馆愿意与业界分享的主要体会之一。希望更多的图书馆毫不犹豫地确立目标，把更多的人吸引到图书馆来，在图书馆的建筑设计、功能布局上，更多考虑让人气充分地在入口处、在大堂等显著位置展现出来。图书馆在管理运营过程中，有发展创新、专业化、新技术应用等各种追求，我们应该鼓励这种追求，但同时，人气应该作为一个基本的标尺，来衡量所有这些追求是否值得转变为实际行动。

图书馆服务效能提升七步法 [①]

　　图书馆服务效能是服务效益和能力的表现，也是图书馆运营水平高低、社会与公众需求强弱和政府保障水平高低的综合体现，是图书馆作为一个社会机构是否发挥作用、是否具有存在价值和意义的主要体现。发展图书馆事业的目的就是为了发挥效能、提升效能。服务效能不足是一段时间以来我国公共图书馆普遍面临的问题。站在图书馆立场，提升服务效能是推动事业发展的首要任务，是管理者的主要职责。如何提升服务效能，我将其总结为以下"七步法"。

　　第一步，在理念层次，要明确相关理念和主体责任。

　　服务效能是事业发展的驱动因素之一。更高的服务效能可以激发公众需求与媒体关注，争取政府保障与社会支持，对服务效能的追求可以引领图书馆、馆员以及行业专业化服务水平

　　① 根据2017年11月1日《广州市"图书馆之城"建设与图书馆服务效能提升》学术报告整理。

的提升。

提升服务效能是公共图书馆服务体系建设的主要目的之一。

提升服务效能是馆长的首要管理责任。

提升服务效能是图书馆员保障公众基本文化权益的职业伦理要求。

提升服务效能是政府保障责任的延伸，是图书馆行业保障公众基本文化权益的法律责任。

第二步，在原则层次，要贯彻落实公共图书馆服务基本原则。

这些原则包括：

开放原则，具体内容包括空间开放、资源开放、服务开放、管理开放等。

平等原则，具体内容包括为所有人服务、为所有公民服务、为所有纳税人服务、为所有常住人口服务；也包括主动平等服务，即为不便利用者主动提供服务，应考虑为每个不便利用群体至少提供一项服务。

免费原则。从概念上讲，"免费"比"公益"更准确；享受免费服务是纳税人的权利；图书馆要拆掉各种看得见、看不见的门槛；免押金注册政策是巨大的生产力。

便利原则，即利用用户最便利、最习惯的方式。如将用得最多的资源摆在用户能最快到达的最低楼层，让用户自己选书，推动基本服务自助化、智能化，微信是最好的推广手段，发展送书上门服务，推动足不出户坐拥书城的网络化数字化服务等。

普遍充分原则，是平等原则的延伸。即让服务对象看得到，走得到；建设更多的分馆、服务点，完善图书馆服务体系。

第三步，在功能层次，要准确定位、适度定位。

保障"两个优先"，即基本服务优先、大众服务优先。基本服务与大众服务很大程度上是同义词。基本服务、大众服务也是专业化服务，也要发展成专业化服务。

对非基本服务，则有所为有所不为，在做好基本服务之前可以不作为。我国多数公共图书馆在现阶段可以不作为。

第四步，在服务层次，推动服务的细化也即专业化。

从大众服务走向分众服务。目标群体定位、细分与优先次序为：准父母、学龄前儿童、小学三年级以前的学生、未成年人、普通市民、老年人、专业人士、研究者等；每个群体都有其用得最多的媒介、最合适的媒介。

从基本服务走向主题服务。服务领域定位可以参考广州图书馆文献外借量TOP10：文学、艺术、工业技术、文化科学教育体育、经济、历史地理、语言文字、哲学宗教、医药卫生、社会科学总论。

确定资源配置优先次序。可以参考广州图书馆优先资源配置定位：儿童绘本，文学（中国小说、世界文学、畅销作品、获奖作品、经典作品），绘画、影视、音乐，计算机技术、轻工与手工、建筑，教育与考试资料，经济管理，地理与旅游。关注迅速变化的媒介，如视听资料、期刊、报纸。

确定相应服务方式、手段。如举办读者活动可以具有很强的宣传推广效应，吸引大众媒体关注，并可以利用各合作方的自媒体进行宣传；阅览方式不如外借方式方便，实体资源的利用不如数字资源便利，等候用户到馆不如送书上门，利用图书馆平板不如利用用户自己的手机拓展服务，网站渠道逐步转向微信渠道等。

第五步，在管理层次，要明白服务效能的提升不是必然的，服务效能需要运营管理才能实现。

确立服务效能目标。要从社会而非图书馆的角度、从需求而非条件的角度看待和订立服务效能目标；只能比建设目标滞后一步，如在新馆、分馆建成后就要确立服务效能目标；服务效能目标的高低要对得起政府和纳税人的投入。

确立服务效能指标。五大服务效能指标是所有指标的基础：居民访问量、文献外借量、注册量、图书馆活动公众参与量、利用数字资源量。不能准确界定服务范围（覆盖区域面积、人口）的单馆用总量指标，可以准确界定服务范围的图书馆服务体系应该用人均量指标。

明确责任主体。要明白，提升服务效能、实现服务效能目标的主体是图书馆、各部门和全体馆员；提升服务效能，直接服务部门首当其冲，而技术部门、行政部门投入资源的多少、运转效率的高低同样影响图书馆整体服务效能，提升服务效能是系统工程。提升服务效能，所有图书馆人责无旁贷。

服务效能驱动发展。以服务效能提升引领公共服务、基础业务、人才队伍等各方面建设，引领管理水平提升。

第六步，在支撑层次，核心是调动人的积极性。

在管理制度和组织文化层面，要建立一个能调动部门、馆员积极性的内部机制和组织氛围，同时善于利用外部资源。人才资源始终是第一资源。在发展方向、目标、任务、指标确立后，人的能动性、活力和专业性就是决定性的因素。能调动人的积极性的，唯有制度。

在人力与人才资源层面，要予以保证的优先次序是：争取足够的人力；培养一支核心骨干队伍；建设服务型队伍是基本要求，建设学习型队伍更进一步，建设研究型队伍是一种高要求。图书馆首先应强调建设服务型队伍。

在文献信息资源层面，要予以保证的优先次序是：争取充足的新书；建设一定规模的馆藏是吸引用户到馆的前提，尤其是服务体系中基层分馆的实体资源配置至少应达到 3000 册（件），这是国际通行的标准；建设高质量的、及时更新的馆藏是长期目标，对多数基层图书馆而言，在实体馆藏量达到服务区域范围内常住人口人均 2 册（件）以后，可以考虑实行总量零增长。

第七步，在保障层次，争取各方支持。

在政策保障方面，积极争取地方党委、政府、宣传文化主管部门以及财政、人社、编制等相关部门出台相关政策予以支持，积极争取人大、政协支持。其中，立法保障最有力，争取难度也最大。

在经费保障方面，可考虑以下优先次序：首先争取与服务区域常住人口人均基数挂钩，如当年购书经费能保障图书馆采购人均 0.2 册（件）实体文献；其次争取图书馆经费投入与地方财政收入同步、同幅增长；再次争取纳入公共财政专项经费预算予以保障；最低限度也应笼统地纳入政府财政预算予以保障。

在人员编制等人力资源投入保障方面，争取事业单位人员编制投入是首选，至少核心骨干人员应以此种方式予以保障；通过购买服务方式予以保障的，要尽量提高人员投入标准，如放在当地人才市场中聘用专业人员的层次，而非物业人员的层次予以保障，人员投入标准越高，就越有可能与人员编制投入方式相衔接。

在馆舍保障方面要明确，一定的馆舍和空间条件是布局和实现基本服务功能的物质条件。综合考虑功能设置和资源配置，广州图书馆对乡镇、街道图书馆分馆的最低面积要求为 500 平方米。近年来，全国各地但凡有好的图书馆馆舍和空间条件的，往往都能取得良好的服务效能，以一馆带动一个区域服务体系的案例也屡见不鲜。

在社会力量参与方面要认识到，一方面政府主导、社会参与是目前国家法定的基本政策，另一方面，政府目前的保障投入相对于体系建设需求和文化强国建设目标而言明显不足，因此社会力量参与不可或缺。社会参与的层次与形式，包括：合作建设图书馆或基层分馆，合作开展或支持图书馆的各种活动，以捐赠文献或经费方式支持图书馆馆藏建设，以志愿者或书友会等形式提供志愿服务，通过理事会、读者委员会、专家咨询委员会等多种形式参与图书馆管理。

从底层逻辑看高质量发展

高质量发展是时代主题，是国家对新时代发展提出的总体要求。如何看待高质量发展，很多专家包括我自己都已先后发表过一些意见，但感觉仍谈得不够明确。进一步思考，我想必须从事业发展的底层逻辑去考虑才可能想明白、看清楚。

公共图书馆是公共事业。作为一个社会存在，公共图书馆的社会功能主要是在政府的保障和支持下，为社会公众提供以人类的科学与文化成果为主体或基础的服务，实现政府在此领域设定的社会政策目标。为实现上述社会功能，图书馆以科学专业的方法，系统地汇聚当时社会存在的各种相关资源，以适当的方式提供服务，并在此过程中发展各种新的专业理论、专业方法和技术手段。新时代公共图书馆的高质量发展，应该建基于：图书馆社会功能层面变化与否，政府社会政策目标层面变化与否，以及具体的服务内容、方式、手段、主体等要素层面变化与否。分析起来，各方面都在发生变化。

首先，从政府立场看，新时代国家的社会政策目标显然发生了变化，即要实现公共图书馆服务在更基础区域、更广泛人群的覆盖，可以笼统地表达为，实现对公众为日常工作、学习、生活而采用交通方式的可及范围的全面覆盖。我的基本意见是，2035 年以前国家要优先实现乡镇（街道）层面公共图书馆服务的覆盖和保障。

其次，从行业立场看，图书馆的社会功能显然在发生变化，由以文献为主体和基础的服务转向以人为中心、以科学与文化成果为主体和基础的服务转变，由传统的服务空间转向社会的公共交流空间。

再次，从图书馆立场看，在具体服务内容、方式、手段、主体等要素层面上，变化显然更多。包括空间与设备设施的资源化，知识信息资源载体、记录符号、记录方式在发生变化，用户阅读与信息行为发生变化，图书馆服务大数据化，各种新的以智能化、智慧化为特征的市场化技术产品与服务的应用不断增加等。尤其在服务内容、服务领域的选择上，图书馆更多地以国家与社会发展需要、以时代的需求为引导。在高质量发展的新时代，国家必然需要更高素质的劳动者，也必然需要更高品质的公共文化服务来保障和满足公众的精神文化需求，促进和实现人的全面发展。其中，如图书馆要服务公众终身学习，提高科学素养与职业素质；服务公众紧跟时代进步，提升技术素养；服务公众丰富精神文化生活，通过服务阅读、欣赏文艺作品，提高人文素养，寻求精神幸福；服务公众参与公共服务、公共事务，提供参与志愿者活动、参与公共话题讨论交流的服务、平台与机会。服务主体既包括各种社会主体的引入、合作伙伴的发展，也包括馆员自身的变化。我们已日益走进智能化、智慧化发展的新时代，知识服务日渐成为图书馆服务的主要内容，在高等教育已经普及化的背景下，图书馆员的素质要求应该提升。

我以为，要满足图书馆事业高质量发展的要求，第三个层面的变化更为重要，涉及所有图书馆和图书馆员。图书馆社会功能、政府社会政策目标方面的变化对高质量发展的要求相对容易把握；服务内容、方式、手段、主体等要素的发展进步则是持续的，也必然是永恒的话题。

发展的两种模式

我认为，对公共图书馆这样的专业机构而言，发展模式大体上就是创新发展与专业化发展两种，如果分得再细一点，创新发展还可以区分出转型发展来。

近几年来，中国图书馆学会公共图书馆分会推动了创新创意案例征集活动，这次活动参与的图书馆很多，可以说，广受关注与欢迎。在国家倡导、推动创新、协调、绿色、开放、共享的新发展理念，倡导以创新作为主要驱动力的高质量发展以后，创新发展成为图书馆界的一个高频词。何谓创新发展？如果套用学术领域的创新概念的内涵，可以理解为不论观点、材料、方法哪方面有新意，都可谓之创新；如果再务实一点，对一个图书馆来讲，凡是本馆此前未做过的事情，也都可谓之创新。在这样的意义上，创新发展没有太高的门槛，人人皆可为，每个馆都可以有所作为。当然，在一般创新发展的意义上，如果从理念、理论到服务实践，再到专业方法，在纵向上形成完整的逻辑；同时，在横向上，与传统功能和服务建立有机联系，中间没有形成逻辑上的断裂，在实践上也不会形成旧归旧、新归新"两张皮"的现象，那么这样的创新可以理解为范式层次的创新，就可以认为是转型发展。这是创新发展的高级层次。我以为，交流功能与服务引入公共图书馆，即是转型层次的创新。新世纪以来数字图书馆的发展，以及智慧图书馆的逐步实现，将会引发全方位的变革，这也是转型层次的创新发展。

还有一种专业化发展模式。专业化可以理解为标准化、国际化，也可以如商业领域细分市场一样理解为细分发展模式。公共图书馆因为对应着社会公众基本的知识、信息与文化需求，在一个互相关联的全球化的社会里，也就意味着可以提供基本相同的标准化的文献、知识、信息与文化服务。因此，每个图书馆功能与服务都以共性的功能与服务为主，个性化的服务占少数，套用"二八定律"，个性化的服务也许就是占 20% 的比重，因此，公共图书馆的服务很大程度上是可以复制的，既可以在不同国家的图书馆之间复制，也可以在不同层级的图书馆之间复制。我国的公共图书馆制度引自美欧国家，发展也还落后于发达国家，因此，国际化很大程度上就意味着学习先进，引进发达国家图书馆的新理念和新经验。当然，如果在国家间进行互相交流学习，则在国际化、标准化基础上，一定有基于国情特点的不同的特色服务，就像中国与美国的社会环境、公众对图书馆资源与服务的需求一定不一样。公共图书馆服务体系建设也可以视作标准化发展进程，基层图书馆即主要复制县

（区）级以上公共图书馆的基本功能与服务。

细分发展模式，即是对服务群体、服务领域（或专题、主题、学科、专业等）乃至服务方式、手段等进行细分，通过细分，深化对不同群体对象和不同主题领域的服务，从而达到提升服务水平、促进事业发展的目的。对一个县级以上综合性图书馆而言，服务群体至少可以从普罗大众中细分出成年人、未成年人、老年人、残障人士等，服务领域至少可以细分出文学、艺术、科普、绘本、经典文献等。相应地，对服务量比较大的群体，可以设计、提供体系化的、全面的服务，对特殊群体，可以设计至少提供一个服务项目等。对于一个基层图书馆，针对服务社区的特点，可以专注于未成年人、老年人服务，相应地也可以主要提供绘本、经典文献服务。通过各种标准的细分，经过服务到资源保障，再到相应学科专业背景的人才队伍建设等一系列过程，进而实现服务的专业化。

当然，如上所述，如果是宽泛意义上的创新发展，从逻辑上也可以包含在专业化发展模式之内。

"人书比"

——所有的理念都要得到数字的检验

"没有数量就没有质量，没有服务效能就没有高质量发展"——程焕文教授在一次学术会议上如是说。我完全赞同，这是金玉良言。

图书馆作为专业工作，所有的理念都需要得到技术的检验，最终是数字的检验。引申开去，也可以说，所有的思想、理论、发展模式、服务业态、服务项目等，无论动机多么崇高，愿望多么美好，逻辑多么完美，都需要经受技术的、数字的检验或量化评估。当然，任何基于理念的行动都会产生效益和成果，但从管理的角度来说，必须有一个最低服务绩效标准，低于这个标准的，就算有一定社会效益和良好的宣传效果，从绩效的角度考量，其也不足以成为行动的理由。我认为，这是区别专业与非专业、专业化管理与经验管理的主要界限之一，也是评估一个区域、一个行业专业化发展水平的主要标尺之一。

我个人一直抱持这样的观点。近年来，我亲身经历的相关案例很多，以下举出若干。

如公共图书馆服务体系建设。为什么要推进体系化服务与管理？除了促进社会公平、提高服务保障水平的主要任务的要求外，也是为了提高公共服务绩效。我曾做过 1999 年的广州与香港公共图书馆事业的比较研究，通过投入产出的数字比较发现，在广州的图书馆投入占公共财政投入比重为香港的 78% 的情况下，香港体系化服务模式的不同服务指标相比广州传统模式，绩效差可达 6—9 倍。当然，体系化模式的差别，其根源在于两个城市组织管理体制的不同。但我们也看到，在中国改革开放进程中，已有若干公共事业通过体系化的模式突破了行政管理体制的局限。从上述数字可以看到，推进服务体系建设意义重大。

如免押金注册与免费服务。可以说，免押金注册服务是图书馆深入贯彻落实国家 2010 年全面推进公共图书馆免费开放政策的进一步举措，也是践行联合国教科文组织和国际图联《公共图书馆宣言》自由、平等、免费服务基本理念的具体举措，但 2012 年前图书馆界读者注册服务仍普遍保留押金。广州图书馆在 2012 年底部分开放后，即全面推进免押金注册服务。当时考虑，一是判断这是保障自由、平等服务的基本举措，是我国公共图书馆推行免费服务的最后一道门槛，也是图书馆提高服务保障水平的一项基本举措，是我国公共图书馆服务发展的基本方向，如同发达国家公共图书馆服务保障水平高，普遍采用免押金注册方式一样；二是相信绝大多数读者诚实守信，会按照图书馆的规则合理利用文献资源；三是国家针对公民的信用体系在逐步建设过程中，有越来越多的技术手段保障文献资产安全不受损失。这个措施推出以后，我们在2013—2016年连续4年对读者逾期未还图书的情况进行了统计，逾期未还书率在1.26%—1.56%之间，属于可控范围之内，甚至好于基本预期。随着本馆的成功实践，我们将这一举措扩大到全市所有图书馆；也经过广州、佛山等地图书馆的探索尝试，现在全国公共图书馆免押金注册已经成为比较普遍的情形。

如交流功能，各种交流活动的引入对图书馆服务结构的优化作用。各种活动，包括阅读推广活动、公共文化活动以及更广义的社会交流活动对图书馆传统服务具有支持作用，因此交流功能纳入当代公共图书馆基本功能，或作为转型发展的主要方向之一，这是我们目前可以作出的基本判断。但形成这个结论，经历了一个数字证实的过程。广州图书馆、杭州图书馆等，较早将交流活动系引入图书馆，作为图书馆基本服务组成部分。除了前期理论上、逻辑上的研究以外，为了评估实际效果，我在馆内和业界引入"人书比"这一指标作为判断的标准。这一指标来自我于2010年前后对美国多年的公共图书馆服务数字的研究。美国公共图书馆服务无论在专业化程度还是与社会密切互动的活力方面均处于国际领先水平，我发现，美国公共图书馆每年接待读者的数量与外借文献的数量基本相当。在此基础上，我形成的基本判断是，如果广州图书馆接待公众人次与外借文献册次基本达到美国公共图书馆的比值，则说明广州图书馆的服务结构具有相当的合理性，这个比值中，文献外借册次的数值越高，说明图书馆活动或新功能对图书馆传统功能的支撑作用就越强。经过数据的比较，我非常欣慰地看到，广州图书馆的"人书比"在 2013 至 2019 年间为 1∶1.20—1∶1.66，2020 年、2021 年因疫情影响分别为 1∶3.93、1∶2.32。这些数字充分说明，我们建立起了一个既符合社会需求，又强化了图书馆基本功能的新服务结构，新功能与传统功能形成了一个有机联系的整体，是符合可持续发展要求的、有生命力的、面向未来的服务结构。这也充分说明，我们的实践探索是成功的。在此基础上，我们完善了由传统文献服务、阅读推广活动、公共文化活动、社会交流活动构成的逻辑完整、连续的服务结构。而同期，全国公共图书馆界也普遍开展了各种活动，但以同样的指标衡量，我们看到，新的服务结构并未建立起来，新功能与传统功能相当程度上仍处于"两张皮"的状态。

如社会参与对图书馆事业发展的贡献。近十多年来，社会化是我国公共图书馆事业发展的主要方向之一。广州图书馆也是其中的积极实践者、引领者。我们在业务统计指标中设置了一项社会投入指标，即把社会主体以各种形式参与公共图书馆服务或体系建设的资源按可比价格折算成经费，结果发现，据比较粗略的统计，2016—2019 年，在广州图书馆，每年各社会主体投入合作举办活动的经费占广州图书馆年度总经费的比例平均达到约 7.7%；美国全国公共图书馆多年间这一比例约为 8%。而在广州市的服务体系建设方面，到 2021 年，全市有社会主体参与建设的分馆超过 90 个，达到总量的约 1/3，每年这部分社会资源投入折合经费约为 8000 万元。这一数字说明社会参与的程度很高。但就全国而言，我们还缺乏这样的统计数字，因此，全国范围内社会主体对公共图书馆体系建设的参与程度，我们还无法相对准确地予以评估。

如公共图书馆服务体系建设中通借通还服务的范围。从技术的层面看，通借通还提供文献服务的地域范围要予以限定，相应的物流等成本必须低于购置同样图书的成本，否则就不如直接多购买一个复本来保障服务。在近年来的体系建设过程中，一些政府部门领导所了解的体系服务的内容主要是通借通还，因此，也常将其作为不同地区间加强合作的一个指导意见，却不知存在这样一个投入产出标准。当然，领导不了解很正常，但图书馆管理者要很清楚。比如国家层面有粤港澳大湾区建设，图书馆行业要参与"人文湾区"建设，其中，如广州与佛山因为已经同城化，所以可以推动通借通还服务，但广州与东莞、深圳之间可能就难以实现。

21 世纪以来，我国公共图书馆迎来了第三波建设高潮，尤其在新馆建设过程中往往投入了巨额资金来建设大量电子图书馆或数字图书馆，但其效果确实难以评价。我曾经听到一位美国同行在参观我们馆一些新的设备设施后，很感叹，他说，在他所在的图书馆，如果提出要购置哪怕是价值一万美元的新设备，如果不能有相应的服务产出，主管对他作为馆长的绩效考核的结果就是难以想象的。我也曾听吴晞馆长在谈到阅读推广活动时说，业界需要对这些大量举办的活动进行反思，每年花了不少的钱，但效果如何却无法评价。后来我在讨论相关问题时提出，从专业立场，也是图书馆的立场，是否可以将图书馆到馆率作为阅读推广活动效果的一个主要评价指标。

还有一些类似的案例。如在数字图书馆发展过程中，国内曾有不少图书馆推进电视图书馆服务。当然，从逻辑上分析，电视可以是推广图书馆服务的一个渠道，但其受众越来越集中在老年人群体，因此，电视图书馆服务效益可能会比较受影响。而事实上，在业界推进服务的过程中，我们确实也较少听到对这类服务的比较可靠的评价。同样的例子还包括其他各种新出现的服务业态、服务模式或创新服务。我一直认为，凡是不能得到技术检验，不能通过数字衡量的服务充其量只能算是探索，而不能算创新，更不能称之为新服务模式。在互联网服务大发展的时代，商业领域有大量新服务出现，但很多仅仅止步于"烧钱"的阶段，按商业标准，没有赢利这些服务就不能算是形成了商业模式。图书馆之类的公共服务同样如此。在公共财政困难的时期，尤其需要精打细算，算好绩效账。

总体上可以说，从技术标准来衡量，当前我国公共图书馆的管理与服务工作还有很大提升空间，专业化发展之路任重而道远。

苏东坡是最好的阅读推广大使

苏东坡有诗云，"腹有诗书气自华"。

读书，对作为个体的人而言，在人生的不同阶段有不同的功用和追求。在一个少年成长或一个成年人解决生存或发展问题时，其作用如培根的名言所说——"知识就是力量"；在一个人已基本满足物质生活需要，寻求文化生活的丰富、精神生活的丰盈或生活的意义时，读书就是中国传统所说的修身、修养、修为，其结果可能综合体现为东坡诗所说的涵养气质。如果把区域也看作一个有机体，那么通过图书馆推动阅读，对一个社区、社会、城市的效果也如同对人一样，可以提升其气质。如果一个地方物质生活极大丰富，但没有图书馆、他的民众不读书，恐怕难说他实现了全面发展，更不要说能涵养文化气质了。

现代社会是一个复杂的系统，图书馆是其中的一个组织，它的功能是向组织周边输送知识、信息和文化，图书馆系统则向整个社会有机体输送营养，涵养有机体的"气血"和气质。

因此，为了让公众多读书，各个国家、各地政府无不把建设图书馆服务体系作为自己的重要职责。

每个图书馆都会做阅读推广工作。广州图书馆迁到新馆后，我们即学习美国洛杉矶等城市图书馆的做法，邀请一些社会名流作为阅读推广大使，开展公益性的全民阅读宣传推广工作。某日忽想到，我们其实可以"请"苏东坡作为我们的阅读推广大使。苏东坡是几乎每个中国人都熟悉的"名人"，他的这句"腹有诗书气自华"有丰富的内涵，优美的形式，对很多中国人来说是耳熟能详，深得国人认同，事实上也有很多图书馆也把它作为劝读、劝学的名句。因此，发挥苏东坡的名人效应，确实具有先天条件，如果再配合适当的形象和其他艺术化的表现形式，应该可以成为一个非常好的传播应用。

宣传是副产品

社会学家郑也夫有一本著作名字叫《文明是副产品》，我印象很深。联想到图书馆的宣传，我觉得也可以套用这么一句话——"宣传是副产品"。

在广州图书馆新馆于 2012 年建成开放之前，我比较担心新馆的服务效益。新馆建成开放肯定广受社会各界关注，建筑规模是旧馆的六倍，政府投入恐怕要成倍增长，如果服务效益不明显，作为领导恐怕难以向政府和社会各界交代。因此，未雨绸缪，我们专门成立了社会活动推广部，明确其主要职责之一是面向社会开展新馆服务的宣传推广；在新馆开放一段时间内，安排汽车图书馆作为宣传车，负责把旧馆周边居民接迎到新馆，既为老读者接续服务，又作新馆服务的宣传。开馆一段时间之后，我和同事们悬着的一颗心终于放了下来，因为我们的服务数据大幅增长，再过一段时间，新馆可以以人满为患来形容，社会活动推广部的职责转变为以策划组织大型活动和统筹全馆活动为主。新馆从部分开放算起，到现在已开放十年，广州图书馆的服务效益不论在广州本地，还是在全国图书馆界都已是有口皆碑。我们分析，服务效益好的原因有多个方面，包括：

处在新城市中心的区位条件，可谓得天独厚；公共交通尤其是地铁交通便利，有三条地铁线通达周边，并可依托城市发达的地铁交通网络延伸到城市的各个方向；所处区域本身既是中央商务区，又是城市公共活动中心区和城市旅游观光第一目的地，图书馆、博物馆、大剧院、少年宫、广州塔、市民广场、地下商城等汇聚于此，几乎可以说是集中了近二十年城市建设的主要成果，带来市内外众多的商业、旅游、公共活动人流；也因为区域的功能特点，这里成为政府层面对外交流的主要场景，吸引来各级政府的客人；此外，图书馆建筑设计别具一格，本身就是一件极具特色的艺术作品，尚未开馆就被评为新"广州好"百景之一。这些都是外因。

从图书馆服务即内因分析，主要是因为新馆形成了新的服务结构，即各种各样的活动已经成为新馆基本服务的组成部分，而正是这些活动客观上发挥了强大的宣传推广的作用。广州图书馆的活动正常年份一年达 4000 场，有约半数的活动由图书馆与各种社会主体合作举办，我们的合作伙伴常年有 300 个左右。活动本身的宣传效应强，包括不同的主题、嘉宾，对公众、大众媒体都有吸引力，当今时代又是一个自媒体的时代，除大众媒体外，各合作主体、嘉宾、参与者、各种相关人士都成为宣传推广的主体。可以说，因为广州图书馆强化了公共空间功能、文化功能、公共交流功能，形成了新的服务结构，对公众、媒体、合作伙伴等形成了完全不同的吸引力，故在图书馆不专门组织大众媒体宣传的情况下，我们的宣传推广却取得了显著的效益。图书馆近几年来每年大众媒体的报道量达到 1400 次，根据我的同事统计分析，其中约 70% 的报道与图书馆举办的活动相关。每天在新闻媒体上出现几次，时间一长，图书馆的知名度、影响力、美誉度大大提升。据同一分析，大众媒体另一个主要的关注点是图书馆的创新服务，凡有新的服务项目、服务措施，都能获得大众媒体的广泛关注。但对图书馆的基本服务，大众媒体关注的相对较少。至于图书馆服务的好与坏，主要是靠图书馆的馆员们做出来的，是靠读者的口碑评出来的，而不是靠宣传推广"吹"出来的。图书馆馆员的用心服务是可以被读者感受到的。

从宣传推广角度讲，图书馆等公共机构面临三个舆论场，分别是公众、政府和大众媒体，而三个舆论场关注的重点各不相同。公众关注的是服务，如感受到好的服务、自己亲身参与的活动，会通过自媒体的渠道传播出去，影响的是自己的朋友和家人，可以形成好的或不好的口碑，好口碑会带动身边的亲友走进图书馆。政府关注的是公共服务的社会效益，效益好，评价高，可以充分说明政府投入的回报好，政府投入是民生所需、民心所向，是政府落实以人民为中心的理念和正确政绩观的充分体现，各级领导面上有光；国内外城市之间横向比较的数据，则更可以充分说明这一点。政府舆论场的传播路径以大众媒体为主，还包括各种政府内部的信息渠道。大众媒体是公众的代言人，是社会情绪的风向标，但大众媒体关注内容或进行新闻报道的新闻点是一个"新"字，既要有新内容，还要有故事、有细节。所以，新的活动、创新的服务、感人的服务都是媒体关注的重点。如果从这样的角度去分析，为了达到宣传推广的目的，图书馆自然知道自己的工作重心所在，而这方面的工作重点如果不是宣传本身，岂不是成本更低而手段更高明？

　　每一个馆的外部条件各不相同，但从图书馆自身的服务、主观努力方面看，推动功能转型，发挥公共空间功能，将阅读推广活动、文化活动、公共交流活动纳入图书馆基本服务结构，确实可以在宣传推广方面产生意想不到的效果。在这层意义上讲，宣传推广实不必刻意而为，确实可以只是服务的副产品。

文献资源建设的 12 个目标

　　文献资源建设是图书馆公共服务的基础，是专业化管理的主要领域之一，是管理者的基本职责。根据近年来广州图书馆的实践，本人梳理出相关的 12 个关键词。

　　数量。在传统图书馆，图书在各要素中占有最重要的地位，新书数量直接影响图书馆对公众的吸引力和服务效益。时至今日，对多数以大众服务、社区服务为主要定位的公共图书馆来说，每年采购新书的数量仍然是文献信息资源建设中的优先确定事项。这个目标同样适用于购书经费比较紧张的图书馆。广州市的公共图书馆很幸运，在 2015 年颁布实施的《广州市公共图书馆条例》中规定全市公共图书馆年人均入藏纸质信息资源新增 0.2 册，这已经是发达国家较为通行的标准，而且除疫情影响的年份外，基本上都达到了这一标准。这为全市的公共图书馆每年新增约 300 万册新书、主要服务效益指标在五年间增加一倍奠定了资源基础。其中，广州图书馆与广州少年儿童图书馆按年新增人均 0.06 册（各区馆 0.14 册）计，而广州图书馆又在市级馆中承担 75% 的新增藏量任务，年购书经费也按此标准测算和申请，实际每年新增 60 万—80 万册图书。因此新馆开放以后，短短十年间，广州图书馆新增藏量达到 500 万册（件），并于 2020 年超过 1000 万册（件），总藏量迅速跃居全国公共图书馆第三位。充足的新书为广州市公共图书馆体系注册读者每人可以外借 30 册图书、广州图书馆年外借图书超过 1100 万册（件）、全市公共图书馆总藏量超过 3000 万册（件）奠定了基础。

品种。大型公共图书馆、学术图书馆往往将每年新入藏文献品种数，以及入藏量占年出版量的比例作为主要的质量指标。近年来，中国每年出版的新书，除掉重版、教科教辅等类图书，有 20 多万种，部分省级馆将目标定在 50% 左右。广州图书馆近年来的基本目标是每年不低于 12 万种（含各种载体文献）。

信息。这一目标主要对特定的时期、特定的主题领域有意义。广州图书馆在二十世纪八十年代初刚建馆时，既少中文文献，更缺外文资源、港台文献，通过 1983 年与美国驻广州总领事馆签订中美复交后第一份供借合同引入一批美国文献资料，以及引入香港石景宜先生赠送的港台版图书，为当时的广州市民、领导和改革开放事业引入了整个国家都缺乏的外部世界的信息。例如，当时美国领事馆供借资料中有一部根据美国未来学家托夫勒代表作《第三次浪潮》拍摄的纪录片，为广大市民、党政领导拓宽了信息化浪潮的视野。时任省委书记到馆视察时在馆里观看了这部纪录片，随即将之推荐给省委大院各级机关干部观看；图书馆内可以容纳 600 人的报告厅连续播放了 600 多场，并为众多的教学科研单位翻录了这部纪录片。美国领事馆以及石景宜先生赠书中有不少关于托福、GRE 考试、美欧大学的资料，在二十世纪八九十年代掀起的留学潮，以及中外教育文化交流中发挥了突出的作用。又如，石景宜先生赠书中有一批二十世纪六七十年代台湾地区出版的中国近代史料，由于当时大陆与台湾处于隔绝状态，大陆的文献与学术机构普遍缺乏这一时期的台版史料，因此这批馆藏图书也具有突出的文献价值，在图书馆界独具特色。

　　责任。对中国几乎所有县级以上公共图书馆来说，搜集、保存地方文献，进而传承地方文化都是基本职责，这自不待言。广州图书馆建馆以来有过两个关于责任的案例。广州图书馆建馆于 1982 年，是一个年轻的图书馆，加之前期经费相对有限，因此，一直没有入藏古籍文献。2007 年，我们在收集古籍地方文献时，一批书中有其他古籍。当时我们基于图书馆的责任考虑，即图书馆有收藏、保存文献的基本职责，作为我们这样的一个图书馆，也应该分担一部分这样的责任。因此，从那时开始，虽不刻意访求，但在有合适机会时广州图书馆也会入藏古籍文献。2018 年，有图书馆界专家找到我们，建议广州图书馆争取入藏当时在拍卖市场上出现的"摇篮本"。"摇篮本"是 1450—1500 年间德国古腾堡印刷术刚发明应用时期的印刷出版物，据大英图书馆等有关机构和专家考证，存世"摇篮本"在 3 万册左右，非常珍贵。专家给我们的建议是，希望广州图书馆分担文献收集、保存的责任。我们接受了建议，并顺利地入藏了七册"摇篮本"，其中最早的版本为 1472 年的《教会法汇要》，一举成为中国入藏"摇篮本"最多也是版本最早的图书馆。

特色。2000 年，广州图书馆建立了首个以特色为目标的专室——艺术设计资料室，该室主要收藏艺术设计相关类别的图册、期刊，确立了服装设计、装饰设计等重点收藏领域，瞄准的是广州服装设计市场、学校设计专业课程教学、家庭装饰装修等需求。此后馆里每年投入约 300 万元建设该专藏。时至今日，已发展成为在广州地区仅次于广州美术学院的特色专藏，成为本地区一众高职高专院校的重要文献基地，支持发展了"友创意"等系列品牌活动。广州图书馆在"十四五"发展规划提出，将以该专藏为基础建设艺术图书馆。

需求。广州图书馆在 2012 年新馆开馆前，对馆藏与服务情况进行了比较全面的统计分析，也选择美国个别有代表性的图书馆的文献服务情况进行了对此研究，筛选出读者需求集中、文献流通率高的文献进行了重点保障，其中有未成年人绘本、音像资料、文学图书等。此后通过经常性的统计分析，发现近年来利用率最高的文献类别相对稳定在文学、艺术、科学普及等领域，这也与一般人士对公共图书馆主要读者群体及其需求的经验性认知基本吻合。当然，其中也有特别的例子，如音像资料，在十年前建设专藏时仍是流通率最高的文献载体之一。但近年来，随着数字化的、主要通过网络传播的音像资源日益增多，图书馆内音像资料的利用率迅速下降，图书馆的采购计划连续数年进行调整，目前拟撤销该专藏。报刊的情况也类似。

基于需求目标建立的专藏还有家谱以及方志。进入 21 世纪以后，随着中国经济社会的迅速发展和民间财富的积累，以及公众物质生活的日益丰裕，中国重视编修家谱的传统又日益兴盛起来。这既给图书馆提出了新的文献服务需求，也相应丰富了文献资料的供给。广州图书馆适时推出了家谱文献专藏建设，通过采购等渠道广泛搜罗。尤其在新编家谱方面，广州图书馆与全球最大的家谱图书馆——犹他家谱图书馆建立合作关系提供家谱查询服务。经过短短十多年的建设，入藏家谱文献二万余册，并从以本地家谱为主扩展到不受地域限制。继家谱文献专藏之后，是新编村镇志的专藏建设。村镇志是改革开放以来，在传统地方志（以省、市、县志为主）基础上发展起来的一种新方志类型，是中国迅速推进城市化进程的结果。传统农村地区的民众力图用这种方式把已经消失或面临衰败的祖居地的历史保留下来，存住记忆，留住乡愁。

语种。在研究文献信息资源的结构时，语种是其中的一个要素。此前参观美国纽约公共图书馆时，我听闻其研究馆竟藏有四百多种语言的文献；二十世纪九十年代末我在香港一些高校图书馆考察交流时看到，他们将英语文献的比例定在总藏量的 20% 左右。考虑到广州作为一个国际化程度较高的城市，广州图书馆一度设立过外语文献馆藏长期占 5%、短期达到 3% 的目标。但几年过后我们发现这个目标难以实现，一方面是经费难以保障，另一方面是外语文献利用率总体偏低。因此，图书馆调整了目标。广州图书馆自"十三五"发展规划起，在"文化多样性"指标中就提出要入藏 12 个语种的外语文献，涵盖当今世界通用的主要语言，并收藏国内有代表性的地方方言文献。目前馆藏外语文献已有 14 个语种。

文化。广州图书馆从 2008 年起致力发展地方名人专藏。入藏标准包括：藏主是地方知名人士；文献内容具有特色，可补图书馆已有馆藏之不足；文献类型包括个人著述、藏书以及手稿、信札、书画、档案等；数量通常要达到 3000 册。我们在新馆开放时设立了广州人文馆作为服务平台，达到上述标准即设专区管理，配有书法体题名、简介，并整理编印专藏目录；既提供文献服务，也经常邀请藏主、相关人士到馆开展读者交流、文化交流活动。专藏的设立广受欢迎。就图书馆而言，名人专藏的价值首先在于文化价值。我们认为，地方文化的核心要素——作品与人物，即典籍与名贤各居其一，而这也是"文献"一词的本义，而因专藏的建设，让图书馆通过名人与地方文化建立了更紧密的联系，并进而吸引地方人物、文化活动更多地进入图书馆，这是图书馆建设人文馆及其专藏的初衷所在。其次是文献价值。此类专藏的形成通常需集藏主五十年甚至两三代人的心力，可以说是通过名人专家建设的、相关领域专题的、长时间的、比较完善的积累，有专藏主认为，这些收藏从文献价值的角度看可谓为"新善本"。就藏主而言，专藏建设首先满足了希望集中收藏并持续、尽可能发挥作用的愿望，也使致力于社会公益事业的行为得到充分褒扬。当然，当今是一个从传统纸质文献向数字媒体过渡的时代，如果藏主子女辈并无相同兴趣或并未从事相同专业领域工作的话，对他们来说纸质文献的保存、传承也确实是一件困难的事情，因此将这些收藏捐赠给图书馆往往成为最好的选择。有藏主感言，自己像嫁女儿一样为自己一辈子的收藏找到了一个好婆家。我多年来一直在与藏主交流，忽生发另一体会：藏主们经年累月从文献、知识中汲取营养，成就自己，如今将所学所作所藏移赠图书馆，岂非"源于知识，归于知识"，是冥冥之中的"归藏"。经过十多年经营，广州图书馆现已有堪称岭南传奇、一家三代九位女画家的苏氏一家专藏，著名文献大家王贵忱先生专藏，老一辈革命家与收藏名家欧初先生专藏，岭南文化名家刘逸生、刘斯奋家族专藏，敦煌名家姜伯勤教授丝绸之路专藏，蔡鸿生教授海上丝绸之路专藏，李龙潜教授明清经济史专藏，朱雷教授三至九世纪专藏，广东省委原书记任仲夷与夫人王玄伉俪图片专藏，文化名家李明华先生专藏，城市影像"叶健强跑街"等一系列名家专藏。目前广州图书馆的名人专藏已是名声在外。除图书馆继续主动寻访外，也经常有人主动与图书馆联系捐赠事宜。广州图书馆地方人文馆的设置及名人专藏的建设近年来已为业界许多图书馆效仿。

出于特定文化目标建设的专藏还有多元文化专藏。广州自古以来就是一个对外开放的城市，也是中国唯一一个持续对外开放的口岸城市，是"海上丝绸之路"的发祥地。作为改革开

放前沿地，广州将建设国际化大都市作为城市发展建设的基础
目标之一。1979 年以来，广州市与全球超过 100 个城市建立了
友好城市或友好交流合作城市关系，对外经贸文化交流日益紧
密。目前有超过 60 个国家在广州设立领事馆，据非官方估计在
广州市居留的外国侨民高峰时超过 50 万人。对这样一座城市而
言，不仅公众需要图书馆提供相应的多语种文献服务，广州市
与广东省政府、国际友好城市、外国驻穗领事馆也需要开展文
化交流的媒介和平台。图书馆是现代国家普遍设置的公共文化
机构，遂成为各个国家、各国际友好城市普遍认同的文化交流
媒介和平台。与 2013 年以来已举办的 38 个系列、近 300 场次
的多元文化交流活动相配合，我们的"友好图书馆"专藏也建
立了起来，目前已建成美国、法国、德国、日本、韩国、英国、
俄罗斯、墨西哥、比利时、斯里兰卡等 15 个专藏。这些专藏以
语言、文学、历史、文化、旅游等类别文献为主，每个专藏设
立的起始标准为文献 300 册（件）以上，文献通过交换或捐赠
的方式搜集。如今，合作建设"友好图书馆"专藏成为众多驻
穗领事馆与友好城市的选择，也成为广州市、广东省外事部门
致力推动的基础性对外文化交流合作项目。

机遇。国内的经典例子，如中山大学图书馆 2004 年引入美
国哈佛大学图书馆的"喜乐斯"特藏，上海图书馆从文革时期
就开始着力收集家谱文献；国外的例子，如一战以后，美国一些
高校图书馆从欧洲成批地引入图书。机遇通常可遇不可求。但
对当代图书馆而言，本人以为，有一个普遍的机遇可加以利用

建立特色馆藏。如前述文化目标所说，当代是一个从传统纸质文献向数字媒体过渡的时代，社会上相当部分的学者、文化人有数量可观的藏书，他们都面临一个如何处置个人藏书的难题。一方面因为收藏往往积毕生精力，故藏主不愿随意处置；另一方面，在当前城市化背景下，住房条件普遍紧张，子女除非有同样的兴趣爱好，或从事相同领域工作，否则不太可能继承前辈藏书。这时候，如果图书馆愿意收藏，承诺继续为社会利用，并愿意给藏主适当名义予以表彰宣传，对藏主而言往往是求之不得的结果。广州图书馆还抓住了另外一个机遇，即行政体制与机构改革引发传统文献工作机构调整带来的机会。2020 年，广州市文史研究馆因机构改革撤销了文献收藏职能，广州图书馆抓住机会，争取各方面支持，调拨移藏该馆全部收藏 11811 件，其中古籍及民国线装书 5399 册、现代装帧图书 4799 册、字画及工艺品 1613 件。该批文献有相当部分来源于不同时期广州市文史馆员的捐赠，具有重要的文献价值和文化价值。这也是广州图书馆首次系统引进重要收藏机构专题文献，意义重大。

介质。广州图书馆从 2013 年起，就成为每年广州国际纪录片节的主会场。该节展活动由广电总局和广州市政府主办，为亚洲之最，是全球五大纪录片活动之一，每年参加交流的制片人、投资机构、导演、主创人员、版权交易人员、研究人员、行业协会人员等各方人士有两三千人，来自一百多个国家，最多年份带来超过六千部纪录片作品。广州市政府希望借由该活动，将广州建设成为"纪录片之都"。2018 年底，广州图书馆设立了广州（国际）纪录片研究展示中心作为常设的收藏、服务、研究、培训、交流平台，重点收藏历届纪录片节获奖作品、本土纪实影像、中国与世界代表性纪录片。到目前为止，这仍是我国唯一一个纪录片公共服务平台。实际上，在协助举办纪录片节的过程中，就已触发图书馆人的相关思考。19 世纪以来，随着技术的快速进步，对于人类知识、信息的记录，无论记录载体、记录符号还是记录介质都在发生变化。记录载体从纸质载体向磁质、光电质、数字等多元载体转变，记录符号从文字向声音、图片、影像等多元符号转变。因此，录音资料、图片资料、非虚构类记录影像、电视、电影等也成为图书馆的收藏目标，这些资料的收藏机构还包括博物馆、美术馆、文化中心、行业协会等。国际上知名的音像专藏，如美国国会图书馆的电影收藏、纽约公共图书馆的图片收藏、芬兰国家图书馆的电视收藏，以及法国卢米埃尔博物馆和蓬皮杜中心、英国皇家电影协会、俄罗斯电影资料馆的收藏等；国内则有国家图书馆的中国记忆中心非遗项目、上海图书馆的音像收藏，以及多个省馆在实施公共文化共享工程项目时收集的地方影像资料等。2019年，广州图书馆与广州市广播电视台签订战略合作协议，共同促进本土影像资源保存，共享该台 1988 年开播以来，计约 9 万小时历史影像资料。截至 2021 年，广州图书馆共入藏纪录片约4500 部（集）；2022 年共享 1.5 万小时城市影像资源。我国公共图书馆应积极扩大不同介质藏品的收藏范围。

体系。广州图书馆从 2018 年起，在原市长、时任市人大常委会主任陈建华的支持下，设立了一个"古籍与民国文献影印出版物专项计划"。该计划的制定背景是广州市组织开展了《广州大典》的编纂出版工作，将全球范围内有关广州的历史文献都作了尽可能全面的收集，并编纂出版。《广州大典》第一辑的文献收录范围截至民国以前，共收书4064种，涉及著者约2000人。通过该丛书的入藏，作为一个1982年新建的图书馆，广州图书馆完成了地方历史文献的系统入藏，具备了提供地方历史文献服务的能力。在这样的背景下，陈建华主任建议设立"古籍与民国文献影印出版物专项计划"，用五年左右的时间，财政投入1亿元，尽量购藏市场上存有的各种历史文献影印出版物，以系统性地提升广州图书馆的历史文献内容资源保障水平。该专项计划经过几年建设，成果显著，截至目前，共收录影印历史文献32549种33552册。对广州图书馆而言，这不仅仅是一个有关文献收藏的典型案例，它实际上提出了一个要我们图书馆从业者尤其是管理者思考的问题，即一个图书馆如何实现一定主题资源的体系化保障。这个问题大型图书馆尤其应当考虑。我想，图书馆作为文献收藏的专业机构，其专业性体现在两个方面，一是选择，二是积累。要有所选择就必须有标准，在考虑短期与长远需求，以及经费、空间等限定条件下，发展出适用不同领域的标准就是图书馆专业化的核心体现；在设定的目标、标准之下，经过年复一年的长期努力，逐步积累形成该领域有一定规模的收藏和文献保障能力。这是图书馆在文献收藏方面遵循的自然演化逻辑。但这个逻辑，在保障能力建设方面，还存在缺陷，因为它是基于出版的，市场上有什么，图书馆就收藏什么；但如果从公众需求出发，我们需要思考，我们需要构建何种体系化的收藏，以保障公众构建自身知识体系的需要？在实际工作中，我们似乎很少从这个角度思考问题。实际上，这个问题对一个新图书馆尤其具有现实意义。由于我国从 21 世纪开始进入了一个构建基层图书馆体系的新阶段，这个阶段估计会持续三四十年的时间，因此，这个问题相应地具有普遍意义。我认为，对这个问题可以从三个方面探索。第一个方面，针对一般图书馆的广义的资源体系、知识体系的构建问题，可以通过全面收集当代出版的经典文献去解决。从内容的角度看，不同领域的经典文献构成了相应领域知识体系的骨架，只要收集齐全，至少可以保障基本层次的需求。从可获得性的角度看，出版市场比图书馆人更敏感，只要有需求，市场就会有反映，就会提供相应的产品，即便是最早的经典，也会提供适合当代人阅读能力和习惯的新版本。对这个问题的思考实际上也是出于我的个人阅读体验。我比较喜欢阅读人文社科领域的作品，主要选择是商务印书馆的"汉译世界学术名著丛书"。有一次，我想了解这个系列总共已有多少作品，经过查阅，我看到一个数据说有将近 900 种。对一个普通读者、非专业研究者而言，阅读这个系列的经典足以满足基本需求。我想，个体的知识体系建构与图书馆的知识体系建构其实有类似之处——通过对经典文献的收集大体上可以满足当前时代的大众需求。至于收集何种学科的专业文献，就视图书馆的主要服务群体而定。第二个方面，充分利用数字文献。理论上来讲，文献的数字化为图书馆实现体系化的知识内容保障提供了更大的可能性。即通过对主要数据库产品的收集，再通过开放存取等各种渠道进行补充，可以形成这样的保障能力。当然，现实障碍实际上有很多，如各种来源的数字文献一体化、集成化的组织与服务提供就远未实现；纸电一体化的问题也远未解决。这些问题已经迫在眉睫，但要解决恐怕仍会大费周章。第三个方面，对大型图书馆的地方文献保障问题。这方面很多省馆、老馆有丰富的经验。

文明。除普通出版物外，许多图书馆都有特藏。如国家图书馆收藏有甲骨文、石鼓文、《永乐大典》、"赵城金藏"、舆图、"样式雷"图档；大英图书馆号称拥有"人民所应记住的"一切，包括英国及海外早期印刷书，文字产生以来的东西方手稿，印刷或手绘地图及乐谱，集邮资料、声像资料等；上海图书馆、纽约公共图书馆等世界级公共图书馆拥有从名人手稿到餐厅菜谱等大量特藏；等等。这些特藏，有不少超出了一般意义上的"文献"范畴。前几年读《哈佛中国史》时，我对该书应用史料的广泛性留下了深刻印象。如用明万历年间嘉兴府士人李日华的《味水轩日记》、严嵩被抄家时的家产籍没册、徽州契约文书中的分家单和阄书等史料，表现明代人们生活中的鉴藏、书籍、家具、瓷器、市场与品位等一系列主题。进一步思考，一切人文社会科学、文化艺术的研究都要基于社会背景；而社会史料，正是一个时代一切人文社会科学、文化艺术研究的基础。对各种社会史料的收集，也正是各领域的学者和学术图书馆致力开展的工作。前几年中山大学图书馆对徽州文书的收集就是一个代表性的例子。这也是我国不少省级图书馆在地方文献收藏中重点关注的领域。还有一些文献及其收藏，体现了不同文明交流互鉴的历史和内容。我曾经接触过欧洲天主教与中国四百多年间相互交流的相关文献信息，内容包括欧洲近代科学、文化、哲学、宗教，以及欧洲人对当时中国的认知等。这些文献与收藏于中国国家图书馆的天主教"北堂藏书"、上海图书馆的徐家汇藏书楼馆藏以及于 2010 年引入的"罗氏藏书"等，都是中国与西方、东方文明与西方文明交流的重要见证。广州作为千年商都，在两千多年的历史中一直保持对外开放，并且是明清两朝中西方交流的主要口岸和桥梁，广州图书馆当然希望在文献收藏方面有所体现。前述我们收藏七种"摇篮本"，也有这方面的考虑。

　　上述这些特藏、史料、文献，既体现了社会史料的宽广外延，也涉及文明交流层次的意义——要求图书馆管理者反复思考，图书馆收藏文献信息是图书馆的基本职能，其边界可以划到哪里？按《中华人民共和国公共图书馆法》的规定，图书馆收藏的文献信息"包括图书报刊、音像制品、缩微制品、数字资源等"，这个界定侧重于载体；按国家标准《文献著录总则》（GB 3792.1-1983）的定义，文献是"记录有知识的一切载体"，同样侧重于载体；前面说到的文字、声音、图片、活动影像等记录，侧重的是记录符号。我以为，随着各种新技术、新媒体的大量出现，文献的内涵正逐步演变为"知识、信息的一切记录""人类思维活动的记录"，文献的实质只关乎内容，与具体的物质形态无关；当然也远不只存在于出版物市场，还存在于互联网、人际关系网络。我们还可以从社会整体的角度去思考图书馆的文献信息收藏功能。其中，存在几个基本的假设：一是社会上存在的文献信息很多，任何一个图书馆都不能全部收集，只能有所选择；二是从促进人类文明进步的角度讲，我们应优先保存人类的创造性智力成果，包括科学技术知识、思想、文学艺术作品等；三是从记录人们生存、社会活动状态，同时也为后人智力创造提供材料的角度讲，可以收藏具有历史价值的个人记录、家庭记录、各种群体与组织记录、地方与社区记录等。其中第二点是几乎所有图书馆都在做、主要针对出版物的文献信息收藏；第三点是部分大型图书馆、具有远见卓识的图书馆在做的工作，涉及广义的社会史料的范畴，也涉及不同文明交流互鉴的层次，这些图书馆继承了传承文明、服务社会的使命和优良传统，在文化传承、文明存续中发挥出重要的作用。广州图书馆也在探索相应领域的工作。当然，这些领域的目标带来的组织整理等技术层面的问题仍有待解决，我认为，这也是正常的现象——二者是不同层面的问题，技术层面的问题可以留待以后解决。

附件：与捐赠者李明华先生往来信札

给广州图书馆方馆长的一封信

方馆长您好！

　　至今已持续两年多的新冠肺炎疫情，深刻地改变了世界秩序和生产方式，改变了人类的生活方式和思维方式。两年多来，我也有很多的人生体悟。我已七十三岁了，余年不多，对人生价值也有更多的思考。世事沧桑，变化无穷；人生短促，作为有限。年轻时的宏愿大志，现在也该现实一点，能做到的已属不易，不可再有奢求。包括计划阅读大批书籍，以及诸多写作项目，限于精力和目力（前不久左眼突然失明），都成为不可能。但生命还有多元的价值体现，可以寻求他途。

　　最近经常夜不能寐，思考人生的很多问题，也考虑几十年来我个人收藏的书籍的去处。目前我正在整理，我想将其中的一部分捐赠给贵馆，估计有一千余册。不知贵馆能否接受？

　　其中有：

　　我个人著、编的书籍，约二十种。

　　我于 20 个世纪 80 年代主编的一本刊物《青年论坛》，全套十四册，我已送哈佛大学燕京图书馆一套，据说美国国会图书馆也有一套，谷歌网上有全套扫描件。现孔夫子旧书网上卖到几十元甚至几百元、上千元一本（原定价六角五分一本）。

　　澳门出版的文史书籍，约九十册。

　　台湾出版的关于通识教育、国学的书籍，约五十册。

二十世纪三十年代至五十年代俄国出版的俄文书籍（小说、诗歌、人物传记等），约五十册。

哲学书籍，约一百五十册。

岭南文化、岭南地方志书籍，约二百册。

政治学、法律学、经济学、历史学、民俗学、社会学书籍，约二百册。

其他。

如果贵馆能有一爿方寸之地容纳这批图书，我将感受到生命价值的别样展现。

请方馆长思酌。

李明华

2022 年，端午

敬复李明华主席信

尊敬的李主席：

您好！首先恭祝端午安康！

很高兴收到您的来信。敬悉身体近况，深感挂念；心念所系，令人感佩！蒙您厚爱，愿考虑将个人大作与收藏书籍捐赠广州图书馆，非常感谢！您是岭南思想文化界领军人物之一，长年致力学术研究并推动思想文化建设，成果多为时代所重；您的藏书，依我浅见，质量很高，并有反映您思想谱系的价值，估计有不少为我馆所未藏。故此，我相信，您的捐赠具有很高的文献价值与文化价值，广州图书馆非常荣幸接受您的捐赠，并表示十分感谢和崇高敬意！

　　图书馆以传承文明、服务社会为使命，其中以典藏文献为基础。图书馆员的工作是专业性工作，并富有通过专业服务推动社会进步的理想主义。多年来，广州图书馆于系统收藏书刊出版市场的文献外，还致力于从社会上收集各种形式的文献，我们理解，这些文献具有独特的社会、文化意义和史料价值。本馆在北九楼设广州人文馆，兼重地方文献和地方人物专藏，实望传承"文献"一词"文""贤"并重之本义，并期更好发挥图书馆弘扬地方文化之宗旨。近年来，蒙社会各界抬爱，先后建成王贵忱、欧初、刘逸生刘斯奋、苏华林墉家族、姜伯勤、蔡鸿生、朱雷、李龙潜、曾庆榴等诸名家专藏，并以专藏为基础，开展了一系列地方文化交流活动。

　　广州图书馆于 1982 年 1 月 2 日建馆，今年正好四十周年，是改革开放的产物，也是改革开放的积极参与者。我总结，广州图书馆四十年传承不变的基因就是改革开放，就是解放思想、开放办馆、务实服务。前不久我们非常有幸接受了改革开放初期主政广东、为广东和全国改革开放作出了突出贡献的任仲夷老书记家人捐赠的任老伉俪图片、影像、图书等文献资料一批，我们拟建成专藏，并且设想，以此为基础，扩展成一个改革开放系列专藏。我想，如果我们的愿望实现，您的捐赠应是其中的一个重要组成部分。

　　尊敬的李主席，除您的大作和藏书外，我建议您进一步考虑，与其他名家一样，将您各种著作手稿、信札、照片等各种具有历史文献价值的资料都完整汇集到图书馆，而我们将做系统整理、收藏和各种形式的服务，以向社会、向历史呈现一个改革开放大时代中，一个代表性学人、士人的完全面目！这样的服务一定更深入、全面，而这些文献资料的价值也将得到最充分地发挥，这也将大益于后人更好地研究、认识我们这个时代！我相信，这也是您夙愿所系。非常期待能得到您的指导和协助！

衷心感谢李主席长期以来给予广州图书馆各种直接、间接的关注和支持！希望在您方便时登门拜访，面洽各具体事宜。

古来仁者多寿！敬颂李主席金安！

广州图书馆

方家忠拜呈

2022 年 6 月 3 日，端午日

接受叶健强先生捐赠时的感想

　　明天下午将与叶健强先生签订捐赠协议①，非常兴奋，非常激动。

　　叶先生是著名的摄影家，广州城市影像的记录者，今年七十岁，从 1972 年发表第一张摄影作品算起到今年正好五十年，长期担任羊城晚报社摄影部主任，"叶健强跑街"成为《羊城晚报》也是广州文化的一个响亮品牌。利用在广州图书馆举办作品展览的机会，经请叶先生一向敬重的挚友介说，并经此前一个多月的沟通交流，叶先生最终决定将个人五十年成果、全部摄影作品悉数捐赠给广州图书馆收藏。这对叶先生和广州图书馆都是一件大事，是一件足以令叶先生的作品和行为不朽，也是令广州图书馆馆藏具有鲜明特色和分量的大事。

　　对创作者最大的敬意莫过于阅读、理解他的作品，对捐赠

_____

　　①　2023 年 6 月 8 日叶健强先生向广州图书馆捐赠摄影作品。

者最大的敬意莫过于了解、理解他的作品和行为的价值，收藏、保管、利用好作品，并对这种嘉德懿行予以充分地宣扬和表彰。

我并非历史或艺术领域的专家，但个人理解叶先生作品的文献价值、历史价值在于：是广州这座城市五十年发展变迁的影像史，是广州市民形态、心态和市民社会的影像史，且因完整记录了改革开放这个中国历史上最重要的时代之一，而成为改革开放时代的影像史。其中每一个方面都具有重大的意义，作品内容体现的史料价值非常丰厚。放眼古今中外，这样的文献纵非绝无仅有，也绝对是不可多得。

叶健强先生作品的艺术价值主要体现在，其不仅是新闻摄影，更是纪实影像，是对人物与市井百态的直观反映，两者的理念一者为"真"，一者为"情"。所谓"真"者，不仅体现在具体一幅幅作品内容的真实性上，更在于创作立意上，在于作者意图真实准确地通过镜头反映社会与时代，在于作品在宏观整体上的真实性。所谓"情"者，我理解，即叶先生自述其敬重的领导、羊城晚报社社长微音先生赠言的"平民生活"，即平民立场和平民视角。叶先生拍的是自己的街坊、身边人、生活中的奔波者、怀揣梦想的打工者、努力改变自己命运的奋斗者、时代的弄潮儿、自己的同道、同类人；是自己生长、工作、生活于其中的市井生活、市民社会和城市变迁。当然，有人称誉叶老师有"鬼眼"，我倒更愿意称为"情人眼里出西施"，是爱屋及乌、脉脉温情的"桃花眼"，如果把叶先生的艺术才能、天赋再玄乎抽象一点，亦可谓是冥冥中的"上帝之眼"。我以为，叶先生作品的艺术性可以从至少这两方面去把握。

再看叶先生这个人，需要发掘和表彰的有两点：一是必须了解和传播何以能创作出这些极具特色和个性的作品并且能坚持五十年之久乃至一生？二是何以有捐赠这种行为，以叶先生的深入社会，不可能不了解这些作品巨大的市场价值，其背后的考虑、深层的动机，及与本人的个性、价值观关系为何？

如果将叶先生的作品创作和捐赠行为结合起来看，我以为，可以用"时代的眼睛"和"赤子之心"来概括。前者是作品的功能和价值，亦使其作品成为我们这个时代的代表性作品之一；后者是作者对广州这座乡邦城市的深情，是一以贯之的情感动机、道德情操和人格魅力。二者都将不朽。

在有基本认识和理解的基础上，相应设想，在充分保障叶先生作为捐赠者的权益和个人意愿的基础上，图书馆可以开展如下工作以充分发挥作品的作用和价值：

设立"叶健强跑街"专藏，善尽保管珍藏和展示传播责任。图书馆接受的不仅仅是一批个人的作品，更是作者一生的托付；不仅仅是个人的作品，更是这个社会和时代的代表性作品；不仅仅是一批史料、艺术品和物质财富，更是需要接续传承的品牌和我们这个时代的精神财富。我们需要履行好图书馆的基本职责与传承弘扬时代精神的责任。

对作品进行专业、系统的整理。对作品内容、所包含的社会与时代信息，进行尽可能充分地揭示。这方面需要与叶先生密切合作，也需要借助最新的细颗粒度标引等技术。

　　为发挥作品的史料价值，可考虑与专业研究机构如社科院历史所等合作开展作品的系列整理、研究，将成果出版和举办不同主题的展览，并可考虑组织学术研讨活动。

　　为发挥作品的艺术价值，可考虑与高校新闻或摄影专业院系合作设立教学基地，为师生提供观摩作品、与叶先生交流的机会，培养纪实摄影青年人才；也可考虑与叶先生合作开展面向公众的纪实摄影培训和公益讲座活动。

　　为表彰捐赠义举，褒扬叶先生作为我们这个时代的杰出代表、"时代的眼睛"和一片"赤子之心"，需要组织捐赠仪式，邀请相关人员，充分发掘、宣扬和表彰叶先生作品的价值和公益捐赠的高尚道德；可考虑委托一熟悉并对叶先生有感情的专业人士创作一纪实作品，以将叶先生之精神传之久远。

学术能力排名第三

　　2021 年底，我的同事们非常兴奋地告诉我，由上海市海峡两岸教育交流促进会新文科专业委员会发布、图书馆界首份"图书馆学术能力"排名中，广州图书馆仅次于国家图书馆、上海图书馆，位列公共图书馆第三。我也非常高兴，原因在于：首先，这并非一个业界普遍关注的指标，不像每四年一次的评估定级，这一指标可以体现一个馆的自觉的专业认知水平；其次，这个指标可以理解为一支馆员队伍专业水平的体现；再者，这种指标衡量的是长期努力、积淀的结果，无法一蹴而就，因此，与图书馆的组织文化、与较长期有意识的引导推动关系密切；最后，正如一位我尊敬的业界同行所说，这一结果是在广州图书馆相对有限的人员队伍规模条件下取得的，尤其令人印象深刻。要知道，国家图书馆、上海图书馆分别有约 2000 人、800 人的专业队伍，而广州图书馆 2021 年底人员队伍规模为330 多人。当然，最令我高兴的是，自己及图书馆长期的努力以意想不到的方式看到了成果和回报。

　　我所理解的图书馆学术能力，表现为学术研究能力及其成果，性质上是馆员队伍的专业思维能力，属于专业能力的一个组成部分，大体上包括这样的内涵：一是深度思维能力，是对一个个问题的深入思维能力；二是系统思维能力，是对不同问题、不同层面问题包括理论与实践相结合问题的思维能力；三是创新思维能力，即对新思想、新理论、新材料、新方法的思维能力。在最基本的意义上，一个图书馆的能力构建包括思维能力与实践能力。学术能力可以说是思维能力的主要表现。当然，从不同角度看，学术能力还可以理解为表达能力、传播能力等。

　　通过提升学术能力、学术研究能力，进而提高专业技术职称，以达到提升馆员队伍的专业化、职业化水平的目的，这是我国图书馆行业设计的人员队伍职业化路径，有中国特色。相对而言，美国公共图书馆行业采取的措施有所不同：一是设置较高的职业门槛，要求专业图书馆员具有图书馆学硕士以上学位，中国公共图书馆界目前较为普遍的门槛资格是本科学历。二是设置专门的图书馆管理者资格门槛，以"提供成功管理图书馆的实用知识与技巧，提高图书馆服务质量"，所需专业管理技能包含预算与经费、技术管理、组织与个人管理、建筑规划与管理、当代议题、营销、筹款／获得捐款、政策与网络、服务各类型人群9个领域。美国、英国等还有培养管理人才和领导力的项目计划。可以说，美国公共图书馆行业的专业化服务能力来自更高层次的学科专业教育和专业化的管理能力。中美两种制度设计各有优点，我们需要注意学习借鉴。

同时，既然广州图书馆的学术能力位居公共图书馆前列，那就值得稍作总结以与业界分享：

在认识层面，我作为馆长，一直认为，公共图书馆作为公共服务其性质是专业服务，是需要专业知识与技能支持的智力服务，而非止于简单的技能服务。在这个意义上，馆员专业认知能力当然越强越好，这个能力一方面来源于专业教育背景、培训、继续教育，另一方面即来自专业研究。故此，我一直身体力行并致力倡导、推动馆员们开展学术研究。

在体制方面，主要措施是设立研究发展部，确定其核心职责是支持馆员队伍的专业化、职业化发展。2009 年我与刘洪辉馆长在美国洛杉矶郡公共图书馆交流时，了解到该馆有这样的部门设置，对此留下了深刻印象。新馆开馆前我们进行内设机构重组，其后持续调整优化部门职责，将原辅导部、研究协作部调设为研究发展部，将原区域图书馆协调、体系建设职责转移至中心馆办公室。随着工作目标不断明确，业务范围不断延伸，人员队伍由原来的三四人增加到现在的 11 人。其间抓住机会引进原为核心期刊常务副主编的肖红凌老师负责研究发展部工作。新部门经过近年来的发展，越来越明确其主要目标，业务范围包括：继续教育，学术与专业交流，科研促进与管理，出版管理，以及承担市图书馆学会秘书处职责和馆学术委员会的日常工作，并计划推进专业项目管理等工作。馆内由研究发展部与人力资源部两个部门共同开展人才队伍建设，但研究发展部为专责部门，承担主要工作。馆里同时设立学术委员会，从宏观层面指导、推进学术科研工作。

在机制和措施方面，包括：争取中山大学等学校支持，馆里每年给予 12 天时间，鼓励青年馆员参加在职专业硕士学位教育；以放学术假的方式，支持发表、出版学术论著与承担科研课题；举办面向青年馆员的青年学术论坛，以专家点评方式指导提升青年馆员的学术研究和论文写作水平；争取与专业刊物合作，组织论文专栏，争取论文发表机会；组织编制学术年刊和专题出版物，在推进专题研究的同时重点给予年轻馆员练笔机会；争取在市学会层面设立年度科研课题立项机制，编制课题指南，给予更多馆员申报科研课题的机会；组织撰写科研论文、申报科研课题、申评专业技术职称的专题继续教育；组织面向多个专题研究兴趣群体的学术沙龙，就选题、方法、规范等各种问题进行经常性的交流。针对这些工作，馆里相应制定了促进学术科研、专业硕士教育、科研课题管理等的系列制度。

我想特别强调的有三点：一是广州图书馆一直重视组织各种专业与学术交流会议，尤其是国际性的学术交流活动。推进交流的主要目标，是通过交流，广泛吸收来自国内外图书馆界以及相关领域的新理念、新经验，让我们的馆员具有国际化、社会化的广阔视野，及时掌握业界与学界的最新信息。二是重视推动专业性较强的工作。代表性的工作有组织编制三个五年发展规划，每次都组建专门团队，把规划编制工作当成科研工作来做；同时，还常态化开展年度报告编制工作。《广州图书馆年度报告》自 2013 年起开始编制，《广州市"图书馆之城"建设年度报告》则于 2015 年起开始编制。经过不断提升报告质量，这两种年度报告分别于 2020 年与 2018 年成为年度出版物。三是建立专业出版机制。吸收程焕文教授的观点和中山大学图书馆的经验，按"业务工作专业化、专业工作学术化"的基本思路，分学术研究、文献整理、图书馆体系建设三大系列，每年拿出一百万元左右的经费，支持 8 种文献出版。该项目于 2020 年启动，并纳入新一轮发展规划。

　　获得学术能力第三名的评价对我和同事们进一步推动学术研究、在根本上推动专业化人才队伍建设是一个极大的鼓励。同时，还有两个重要问题需要关注和思考：一是如何将学术研究能力尽可能地转换为公共服务能力。毕竟，对公共图书馆而言，学术研究的目的是推动专业化服务、创新服务和事业发展，对馆员而言，学术研究的目的不仅是争取更高一级的专业技术职称，更重要的是推动个人职业成长，提高个人专业服务、专业管理能力。二是当前我们的学术研究主要集中在专业技术领域，但在一个需要以专业化能力推动事业发展的时代，我们同样需要提高专业化管理能力，因此专业管理也应是我们重点推进的学术研究新领域。

关于人才队伍建设的研究选题

　　我的一些同事组成学术沙龙，希望推动人才队伍建设领域的学术研究。我认同同事们的选择，这也触动我思考如何开展这一领域的研究，尤其是如何进行选题。从公共图书馆的立场看，学术研究最主要也是最好的逻辑起点是工作实际，具体可包括我们习用的所谓目标、需求与问题三导向。

　　从目标看，我认为，无论广州图书馆还是公共图书馆行业，当前人才队伍建设的目标，是要建立一支专业化、职业化的服务与管理人才队伍，包括相应的专业研究人才队伍。学术研究要解决的问题，是要明确专业化、职业化等范畴的内容与实现路径，即做什么、怎么做的问题。我的基本理解，专业化解决的是专业知识与技能的建构问题，知识体系除高校图书馆学及相关专业现已设置的专业课程外，还要研究确定事业的新发展、新趋向涉及的相关专业领域。目前广州图书馆在内的一些图书馆正推动事业转型发展，主要方向包括横向上交流活动的拓展，纵向上服务体系的覆盖，以及深度上的阅读推广、引领全民阅读等。这些新的方向需要什么样的学科专业背景予以支撑需要我们进一步研究明确。职业化解决职业伦理即职业动机与职业规范的问题。在路径层面，借鉴商业领域经验，专业化服务人才主要依托细分服务群体、服务主题的服务实践和专业化的知识、技能体系的继续教育培养；专业化管理人才应通过专业化课程培训、管理实践、管理研究等路径培养；专业化研究人才则主要通过引导业务工作专业化、专业工作学术化、理论与实践相结合研究、专业化研究与创新研究相结合等路径培养。

从需求看，可以分为组织、个体和社会三个层面。组织层面，近年来，为适应服务多样化的需要，广州图书馆已形成一支涉及 20 多个学科专业背景、本科为主、中级职称人员为主的专业人才队伍，其中图书馆学及相关专业、硕士学位人员分别约占 30%。多学科专业背景人员的专业化、职业化成为人才队伍建设的主要需求之一。目前的主要路径是工作实践、继续教育、专业硕士学位教育、学术研究等，但还缺乏体系化的设计，包括主体路径的设计。组织层面的需求还包括，如何营造尊重人才、尊重创新、尊重团队协作的组织文化环境。个体层面、社会层面的需求则需要通过相应的逻辑分析、案例研究、实证研究等去研究把握。

从问题看，我认为，我们当前面临的主要挑战包括：基层服务体系建设过程中人力资源投入保障的体制机制困局如何破解；作为事业单位的图书馆，人员队伍的活力如何激发或如何实现绩效管理；在各种合规管理要求之下，图书馆如何营造能够凝聚人心、激发活力的组织文化环境等。

在一定的制度环境下，图书馆事业的可持续、高质量发展，取决于人才队伍的素质与热情；人才队伍建设管理是专业化管理的核心内容之一。因此，是时候大力加强本领域的专业研究了。

人才成长和利用的规律

　　人才是第一资源，事业发展的关键是人才。国家一直非常重视人才培养工作。要建设好人才队伍，就需要研究并尊重人才成长、利用的规律。这方面，我的经历算是一个比较典型的案例。大学毕业后我一直在广州图书馆工作，个人成长可以说是组织培养与自身努力的共同结果，本人也基本实现了同事业共同成长的理想。现试从我的成长经历、经验来讨论在图书馆这样的组织中人才成长和利用的规律。

　　我的成长过程中比较重要的经历有：

　　1992年大学毕业，学习的专业是图书馆学；2000年后又参加了两年图书馆学专业研究生课程班的学习。通过这些经历主要获得了图书馆学和图书馆工作相关的知识和技能。

　　2006年参加广州地区图书馆高级人才研修班为期3个月的学习。这段经历最大的收获是学习了图书馆精神、职业理念、价值观、职业伦理等内容，解决了我的职业认知、职业动机等底层问题，成为我此后将图书馆事业作为个人志业的内驱力。

2009年我有幸受市委宣传部、市文化局和单位委派，作为交流馆员赴美国洛杉矶郡图书馆进行为期半年的交流学习，期间还参加了在伊利诺伊大学厄巴纳－香槟校区举办的为期三周的中美两国政府合作的图书馆员交流项目。我总结，这段经历及随后开展的相关研究对我的职业成长、对后来作为馆长履职、引领广州图书馆近年来的发展关系重大。我的收获包括：一是具备了国际视野。我认为，国际视野与社会视野是当代图书馆管理者必须具备的能力与素质。前者培养的是眼界、格局、国际化水准，能促使事业在世界图书馆发展的总体框架内发展，并能互相呼应、协调；后者解决的是中国特色发展、创新发展的逻辑起点问题。二是了解、熟悉了公共图书馆服务的国际标准。美国公共图书馆事业总体上处于较高水平，对它的了解意味着在管理工作中可以对标国际标准。三是熟悉了美国公共图书馆体系的管理运营，包括总分馆体系结构、管理运行机制，社区化、对象化、主题化的公共服务组织，发展规划管理，理事会管理模式，人员队伍结构及职业化支持机制，志愿者、公益捐助等社会参与机制等，几乎涉及图书馆管理运作的各主要方面。这方面的收获后来被广泛应用到广州图书馆的管理与广州"图书馆之城"的制度设计之中。四是与若干图书馆、美国图书馆协会、华美图书馆员协会以及国际交流领域活跃的专家等建立了广泛的联系，助力广州图书馆有效开展对外交流合作。

　　人才成长也需要实践历练。我作为副馆长、馆长，先后经历了组织编制三个五年发展规划、统筹组织新馆建成开放、参与制定地方立法和地方图书馆制度设计、引领推动"图书馆之城"建设等重大项目，这些经历给个人成长和施展才华提供了难得的平台和机遇。在实践过程中，自然要勤勉敬业，投入数倍于他人的心力、精力和努力，同时持续努力学习业务、学习管理。但从人才利用的角度讲，能让我在十年馆长任期中充分发挥作用的一些关键因素包括：一是充分施展的空间。尤其是我被聘为馆长后，上级主管部门和领导给了我充分的尊重和信任。二是领导班子中充分的尊重。我作为班长，得到其他班子成员充分的尊重和支持，得以主要按我的意见展开业务和管理工作。三是领导班子成员良好的分工协作。这让我得以用我所长，将主要的时间、精力集中在业务工作和事业拓展上，而相关的安全、消防、财务、物业、员工思想等繁重的事务性的工作都由班子成员分担掉了。四是上级主管部门和图书馆大力支持我参与业界的交流合作。作为专业管理者，需要眼界、格局，需要及时了解、把握业界最新的发展动态。广泛参与各层级行业组织的交流协作，既了解交流信息，也为本馆争取各种机会；广泛参与学术交流，接受系列学术报告、学术论文的邀请邀约，促使自己不断总结、思考、深入研究业务工作中的问题。这些经历促使我不断提升专业认知，始终站在行业和事业发展的最前列，同时持续强化专业自信和职业奉献动机，推动个人自觉地将新理念、新经验、新认识不断应用到管理实践和事业发展中；也促使本馆不断扩大在业界的影响力。当然，参与业界交流合作需要额外投入大量的个人时间，所有馆长该做的工作都需要自己优先完成。

建筑首要在外部

　　建筑从来不止于内部空间的建设，甚至应该说，建筑首要在外部。这方面的认识，从建设规划或建筑师们的角度看，有科学的理论支撑，而在图书馆建筑规范或建设标准等文件中都有相应的指引，要求考虑规划布局、区位条件、公共交通、功能配套、气候影响、外部环境、造型设计等因素。我在主持广州图书馆新馆运行十年后，更有一些心得可以分享。

　　规划布局。我的理解，有两个层面的含义。第一层含义，图书馆作为公共服务体系的组成部分，必须处于社区的中心，位于一定范围内的公众易于到达的地方。这个方面，几乎所有的公共服务设施都有一样的要求。这方面的要求，在大部分人口都信奉宗教的城市或地方同样看得到，如基督教教堂、伊斯兰教清真寺都有同样的规划布局考虑。如果是中国城市的社区图书馆，因为城市人口比较密集，所以最好位于老人带着孩子步行可达的地方。如果是中心图书馆或地区图书馆，最好位于公共交通易于到达的地方。第二层含义，作为传统的城市单一图书馆或作为现代的城市图书馆体系的中心馆，所要考虑的是在整个城市规划层面的位置布局问题。这一点既取决于决策者对图书馆的重视程度，也取决于建设的时机。一般而言，越中心的位置当然越好。

区位条件。对图书馆个体来讲，这是最重要的外部因素。好的区位条件一般首先指城市地理上的中心位置，意味着方便最大数量的人口到达；其中位于城市中心往往还意味着有最密集的公共交通配套，方便各个方向的人群到达。广州图书馆的区位优势，不仅在位于新城区的中心位置，我个人认为，还在于位于心理中心的绝妙位置，她所处区位，是新城市中轴线和母亲河珠江的十字交叉点上，而且正好是南北向与西东向的"十"字交叉点，可以说是处在连接历史与现代的"十字路口"，这先天地赋予了广州图书馆新馆以文化上的意义。

公共交通。在现代城市里，公共交通配套应是衡量公共设施尤其是大型公共设施可达性的首要因素，远比步行交通重要；在公共交通中，地铁又因承载力最大、线路覆盖最远，而且很多大城市地铁设施已形成网络，故最为重要。广州图书馆很幸运，有三条地铁线覆盖其所在区域，其中一条线的站点在广州图书馆门口，另外两条线的站点到广州图书馆的步行距离约十分钟，也是比较理想的距离。通过这三条地铁线及其连接的并接入地铁网络，可以到达城市的任何区域。

功能配套。广州图书馆所在区域，首先是中央商务区，即经济中心区，为全市带来约十分之一的生产总值，这为该区域带来良好的交通配套和公共环境；其次是文化中心区，该区域集中了广州市新的城市标志——广州塔、广州大剧院、广州第二少年宫、广东省博物馆，还有广州市最大的市民广场，每年有国际灯光节、跨年活动等在此举办，可以说，新时期全市最重要的文化设施云集于此，是广州市民的文化活动中心和广州市第一旅游目的地。目前该地区还在建设新的美术馆、科技馆、文化馆，文化中心的功能将进一步增强。该区域还有全市最大的地下商业中心，也带来了旺盛的商业人流。与之相配套，地下是集中连片的停车设施，共有车位 3500 多个。这样的功能配套，为广州图书馆带来大量人流。作为休闲旅游目的地所在区域，很多游客也会进入图书馆参观，据我们粗略估计，广州图书馆约有 7% 的进馆人员为游客。广州图书馆在暑假高峰时有很多时间日接待量超过 4 万人，其中约有 3000 人是游客，是一个很大的数量。从广义来讲，这也是服务效益，有极好的宣传效果。再如在外面的花城广场举办灯光节期间，经粗略统计，到外部广场参加活动的人中约有 10% 会进入图书馆，即假如外面广场上有 4 万人参加活动，其中约有 4000 人会进入图书馆。图书馆与周边设施的关系由此足见一斑。由此也可见，图书馆所在区位条件，除了位于城市或区域中心外，如果所在区域是文化中心区，则各种公共文化设施可以共同发挥引流的作用，也可以充分共享用户，这对图书馆功能与作用的发挥最为有利。文化中心区很大程度上是家庭活动的区域。商业中心区带来的效果可能次之，而政务中心的效果则可能相对有限。

气候影响。这也是个人观察发现的一个现象。即实体图书馆接待公众的数量仍然受到天气因素的明显影响，天气晴好，则读者众多，阴雨天气，则读者明显减少。尤其在中国南方直至东南亚地区，夏季多台风暴雨或烈日天气，这些地方在传统建筑设计中有独具特色的骑楼设计。由此也发现广州图书馆周边一个潜在的有利"设计"——即图书馆周边的三条地铁线站点完全可以通过地下空间到达图书馆，而无须通过地面道路，这意味着有条件可以完美避开外部的暴雨烈日天气。

外部环境。当代图书馆建筑越来越强调外部环境的友好，包括安全环境、生态环境以及由此而来的内外空间在视觉、功能上的各种有机联系。这方面，我们可以看到湖北省图书馆、宁波图书馆新馆等都有很好的处理，新建成的上海图书馆东馆即与公园、城市绿道为邻。我认为，单从环境的角度看，新的法国国家图书馆用四个方向的建筑环抱森林空间也称得上是好的设计，不仅使内部空间在功能上关联入乎其内、又出乎其外的生态空间，更在理念层次将人文空间与超乎时间之上、象征永恒的自然环境有机结合在了一起。

造型设计。建筑内外空间的结合即是建筑的造型设计。很大程度上，建筑是传之最为久远的艺术。虽然现代建筑难以像古代经典建筑一样长存于世，但心理期待是相同的。广州图书馆超高的人气和社会影响，有相当部分是由独具特色、个性鲜明的建筑造型设计带来的。广州图书馆新馆尚未建成开放，就因建筑个性被当地主流媒体评为新"广州好"百景之一；开放以后，建筑设计广受关注和赞誉，被公认为该区域最美的建筑之一。

建筑与功能互相成就

近年来，蒙同行抬爱，我先后参与了多个图书馆新馆建设功能需求或设计方案的咨询论证。因此，也就多次对建筑与功能如何互相成就这一问题进行了反复思考。我的体会，对图书馆功能的理解是功能需求或建筑设计方案的核心，理解图书馆的建筑与功能之间的关系需要系统思维。现对一些基本的问题及其思考再一次进行梳理。

图书馆是什么？这个问题内涵太过庞杂，边界很难界定清楚，但又是图书馆进行新馆功能需求设计的逻辑起点，也是建筑设计师提出建筑设计方案的逻辑起点。一位北欧国家的图书馆馆长提出过一个令人印象深刻的理解，"图书馆是一个有屋顶的公共广场"。很明显，这是基于图书馆是公共空间的理念的理解，也是当代主流的理解。如果深入一层，我们还可以增加基于公众与图书馆及馆员两个主体的理解。以公众为主体的理解：图书馆是阅读、交流、分享（行为）的公共空间，其中阅读包括学习目的的阅读、休闲目的的阅读、研究目的的阅读、实用目的的阅读等行为，满足的是学习的需要、情感的需要、创新的需要、生活的需要、审美的需要等；交流包括公众与文献作品、公众与作者、公众与专家、公众与公众等之间的交流，还可以引申到今人与前人之间的交流等，相应地也可满足学习、情感、社交的需要；分享，主要指公众分享、表达个人思想和观点、传播信息等行为，满足的是个人自主发展的需要、自我实现的需要等。以图书馆及馆员为主体的理解：图书馆是以提供知识、信息服务为基础的公共文化空间。其中，提供知识信息服务的内容包括提供文献、数字化文本、知识与信息专家及专业馆员智力服务，还包括面向社会整体、以文献与知识体系保存为主要体现的文化传承服务；提供阅读沙龙、文学沙龙、艺术展示等种种文化活动；以及进一步提供公众聚会、会议、公共事务讨论等更广义的交流服务。

目标定位。对一个区域的主要图书馆或中心大型图书馆，决策者往往会提出标志性建筑、城市地标建筑等目标，这首先是针对建筑造型设计而言，其中往往也内含建筑材料、技术、工艺等最新要求，当然最重要的是希望在社会功能上发挥出标志性的作用。这个方面，往往表现为国内一流、国际先进、时代性、地域性等表述。在图书馆建筑的历史上，我认为最激动人心的提法，包括美国国会图书馆建设时提出的要体现当代文明发展最高水平的目标，中国国家图书馆、法国国家图书馆新馆建设时提出的要成为国家象征的定位与要求，等等。当然，对小型图书馆的建设目标定位可以更多地集中在功能上。

　　功能定位。对大多数公共图书馆而言，共性的基本的功能定位，我以为可以概括为"四个平台"：知识平台、学习平台、文化平台、交流平台。其中，知识平台对应以公众为主体的知识信息服务，和以图书馆为主体的文献与知识汇聚与传承服务，具体对应的是实体文献、数字文献、新媒体文献收集、保存与服务等。学习平台对应的是以公众为主体的学习服务和以图书馆为主体的社会教育服务，除文献信息外，还要提供学习空间、设备设施、各领域专家等资源。文化平台对应的是以公众为主体的休闲阅读、艺术鉴赏等服务，和以图书馆为主体的各种阅读交流、文化交流活动。交流平台对应的是以公众为主体的聚会、社交、参与社会公共事务讨论、个人表达等服务，和以图书馆为主体的各种交流平台、机会的服务。对大型图书馆，还要增加区域中心图书馆的基本定位，对应的是以图书馆为主体的基层图书馆或体系图书馆服务，包括通借通还、数字资源共建共享、活动联动、人员培训、服务与管理统筹协调等服务与活动。

　　服务形态。在功能定位之下，有功能如何实现，即如何组织服务的问题。我的理解如下：在知识平台功能之下，包括体系化的知识组织、存贮、展示、传播、交流等服务，具体包括实体与数字文献、文字声音图片及影像介质文献的组织、汇聚、排架、阅览、外借、推荐、阅读推广、参考、典藏等服务；活化知识的组织服务，即为知识与信息的普及与传播而开展的沙龙、讲座、报告、展览、真人书等活动。在学习平台功能之下，除提供上述资源与服务外，还提供空间、环境、设备设施，包括个体学习与团队学习等资源与服务，其中空间包括自习室、单人座位、多人讨论室等，环境包括无线与有线网络支持，设备设施包括阅览桌椅、计算机、打印机与软件工具等。文化平台功能之下，提供为开展文化活动所需的各种尺度、形态的交流功能空间，如展览厅、报告厅、会议室、多功能厅等。交流平台功能之下，与文化平台功能所提供的服务形态基本相同，所不同之处，在于交流活动的内容为文化活动以外的活动，如党政机关的各种会议、公益慈善等各种社会群体的活动、所在社区公众的会议、公共议题公众论坛等。

服务模式。结合广州图书馆近年来的探索实践，应是在大众服务的基础上细分群体、在各类知识信息的基础上细分主题以及在同一群体或主题服务空间之下的多层次、立体化服务，即在同一个群体或主题服务空间之下，实现知识、学习、文化、交流平台的功能，相应提供各个层次、各种形态的服务。图书馆服务模式正从传统的一般公众意义上的分层次的服务模式，如文献流通服务、信息咨询服务、阅读交流活动等组织模式，走向新的群体与主题细分化的、立体化的服务模式。在同一空间内，实现藏借阅咨与交流活动一体化。

功能空间与空间组织。基于上述分析，就总体而言，图书馆内每个功能空间，都应该是综合性的功能空间，布局相应文献、数字文献、书架、阅览桌椅、无线与有线网络、注册与借还以及复印打印设备、展板、投影屏、音响设备、交流场地、台椅等。其中，作为学习平台，大型图书馆可以考虑设立专门的自习室，一般规模的图书馆则不必单独设置。当然，大型的文化活动与交流活动需要专设的展厅、报告厅、多功能厅、会议室等专门的交流空间与设备设施。文化活动与交流活动自然会产生比较多的声音，在综合空间内可以分设隔音效果好的小型空间，结合采用各种吸音消音技术。从功能与服务角度看，总体上，图书馆内可分为群体服务空间、主题服务空间及二者附设的小型交流空间、大型交流空间；相应地，从建筑角度看，总体上，图书馆内有两大类主要空间，一大类是综合空间（可内嵌小型交流空间；可再分为群体服务空间和主题服务空间），一大类是专设的交流空间。在空间组织与空间关系上，在群体服务空间方面，优先考虑未成年人、残障人士、老年人，这些群体在空间及附设设备设施方面有特定的需求；在主题服务空间方面，优先考虑公众需求最大、服务效益最好的主题空间，如文学主题、艺术主题、科学普及主题。如果是体量比较大的图书馆，可以按安静程度对空间进行分区，如果体量相对较小，声音控制问题可以留待服务与活动组织过程中考虑。内部不同功能空间，尽可能通过服务或软装加以区隔，而不要通过实体墙加以间隔。一方面尽量创造保障人的阅读自由和文献、知识、信息自由流动的空间条件，另一方面也为处在多变环境下的图书馆服务的灵活、可扩展组织和后组织创造条件。所以这样的空间，尽可能采用大空间设计而不仅仅是建筑规范所要求的大开间、"三统一"的设计。

内外空间关系。作为公共空间，内外空间之间需要良好的交互性，以利于外部的人可以直视内部空间的活动，形成吸引人进入内部空间的视觉、心理与物理条件。比较常用的技术手段是通透的大入口、大玻璃窗、开放式立面、玻璃幕墙、大中庭，以及内外空间设计为同一水平面、采用相同建筑材料等。这样的建筑形象与传统图书馆的厚重、典雅风格以及通过台阶抬高入口以营造知识与文明的崇高感，有了比较大的区别。广州图书馆新馆是这方面的一个好案例。结合了更多内外空间关系元素的还有宁波图书馆新馆、上海图书馆东馆等，它们在整体上把内部空间在视觉上与外部公园的自然景观融为一体，使人文环境与自然环境得到有机融合。

造型设计。与图书馆的目标定位有关。越是大型的图书馆，越强调造型设计的地标性。当然，在图书馆功能与作用的发挥上，造型设计的独特性、个性与吸引力，可以在图书馆服务营销方面发挥强大的助力。一个独具特色的、吸引人的造型设计，意味着在建筑阶段就一劳永逸地承担了相当部分的服务营销成本。广州图书馆新馆的造型设计别具一格，单此一点，就为图书馆带来了很大的"流量"。当然，我们也要有充分的心理准备和科学的评估，越是个性化的造型设计，往往意味着越高的建设与运营成本。图书馆新馆建设一般都遵循功能优先和建设经济性的基本原则，但如果我们有充分的预期和明确的支持，那么对独具个性、完美的建筑艺术品的追求就是值得的。

　　说到底，图书馆建筑功能需求本质上就是一个对图书馆的发展规划，需要考虑的要素、逻辑基本类似，只不过前者通常需要考虑得更为长远，一般认为至少二十年。

我们需要什么样的管理

  作为图书馆馆长，既要管人，也被人管；也因为在馆内不同层面的管理岗位负责过，所以从被管理者的角度讲，也有一些体会。当然，除个体层面以外，在组织的层面，我对理想的管理也有过一些思考。

  从基层管理者的角度讲，我们需要什么样的管理？我以为如下的管理者或领导是下属希望遇到的。一是能够为一个事业、一个机构的发展创造机遇、条件的领导，是最好的领导。从管理的角度讲，不论在何层面，首先都希望能通过我们的努力，让一个城市的经济社会发展、文化建设、公共服务等取得进步，在改革开放的年代，还应该以实现质变、实现跨越为目标。但实现这样的目标，需要机遇，也需要人财物等保障条件。二是有能力的领导。我比较欣赏一种对领导者的定位，即领导者主要发挥引领发展、培养干部与人才的作用。领导如果有清晰的思路，有明确的目标、任务，甚至路径、方法，在组织指挥时自然能实现事半功倍的效果，也最能培养出人才队伍。三是能让下属有施展空间的领导。如果领导不熟悉工作，或事务太忙，那就放手让下属开展工作，尤其对专业与管理能力强的下属，这也不失为履行领导职责的好方法。面对这样的领导，下属哪怕再忙，可能都觉得心甘情愿，一种常听到的说法是"人忙心不累"。作为下属，最怕的情况是领导不懂，又偏偏想法很多，下车伊始便作出各种指示，这种情形的结果往往是变成瞎指挥。四是能为下属解决难题的领导。下属有困难、碰到难题，找领导求助，领导能积极帮忙出主意、想办法，而不是觉得下属事情多，不耐烦。须知，帮下属解决难题本来就是领导的一个重要职责。五是能为下属担当责任的领导。工作过程中出错恐怕在所难免，只要不是出于主观故意，这时候，如果领导能够勇于承担领导责任，对下属无论在心理上还是在责任追究上的帮助都不是一般的大。我们常说，患难出真情，如果领导这时愿意这样做，下属以后一定会尽心尽力。六是目光长远，能从根本上为事业的长远发展奠定基础、创造条件的领导。近年来，领导们的责任越来越大，实际上要很好地完成会议、文件等各种合规管理，履行好一岗多责，就已经算是优秀的了，但如果从事业的角度看，一定还有统筹谋划人才队伍建设、统筹谋划高水平的事业发展规划等工作，这些是关乎长远的，需要长期努力积累的，有的甚至是当前不做，就会错失时机的。当然，要做到这一点或实质上做到这一点，在实践中是越来越不容易了。我在工作过程中，具有以上优点的好领导实际上都遇到过，所以，总体上，算是比较幸运。但我自己作为管理者，自觉还有一些方面做得不够。

从基层组织领导的角度看，我们需要什么样的管理？我们最需要的是有活力的管理。广州图书馆从 2012 年起，就作为省、市的第一批试点改革单位，推进法人治理结构改革，改革的主要目标，即是增强事业单位的活力，通过增强活力，提升公共服务水平。本人对改革目标非常认同。相关的一个配套政策是赋予试点单位自主设置内设机构的权力。我认为，这一条对当前激发图书馆的活力非常重要。从二十世纪八九十年代图书馆行业启动信息化进程，同时叠加中国社会转型发展进程，中国的公共图书馆事业进入了转型发展时期，图书馆的理念、功能、服务都在持续地发生变化。从组织管理的角度讲，功能与服务的变化必须有组织结构的变化作为支撑，对图书馆而言，这就是自主设置内设机构的内在需求。特别像广州图书馆，我们注重发展规划对事业的引领作用，但每一轮发展规划都会对事业发展进行一定程度的调整，这时就需要相应变动内部组织与资源配置，以保障规划目标的实现。当然，比较遗憾的是，这方面的试点改革目标还没有实现。

从事业单位领导的角度看，我们需要什么样的管理？近几年来，事业单位管理的基本形势是，管理越来越细，越来越重视过程管理，合规性要求越来越多，管理投入越来越高，但对最重要的主责主业、实现公共政策目标的要求不足；强调责任落实，但责任边界相对模糊，有时感觉责权利难以统一。一般逻辑而言，管理需要有"度"，管理需要成本，管理也需要绩效，最好的管理是适度管理，高明的管理是目标管理，是激励被管理者主动担当作为的管理。

人是万物的尺度

　　古希腊智者普罗泰戈拉有一句名言，"人是万物的尺度"。罗素在《西方哲学史》中批评这句话中的怀疑主义，以今天的观点看，它也难免有唯心主义的问题，但它强调反传统，强调人的价值、主体性与决定作用，故有合理成分在。当代著名书法家孙晓云在《书法有法》一书中也引用这一名句，将之作为亲身探索、质正中国传统书法中笔法问题的一个主要体会，也是结论，颇令人信服。孙晓云先生引该句的本义，近于"实践出真知"，即在历史上已有的各种不同意见中，在争讼纷纭中，个人要勇于怀疑，身体力行，以追求真正的知识和真理。我们的生活实践和管理工作，实际上也莫不如此。

　　总结广州图书馆四十年的发展，我认为，随着国家的发展和社会的进步，图书馆最重要的成就是服务于公众、服务于"人"的主体性的日渐确立。广州图书馆四十年的发展历程与国家的改革开放历程交织在一起，放在历史的长河中，我们可以看到，改革开放的最大成就之一，就是唤醒了国民的主体意识、主体性，当然，图书馆是这个历程中的一个重要参与者，同时也是一个受益者。作为图书馆服务对象或潜在对象的人，有其共性或个性的需求、愿望、利益、权利主张等等。图书馆工作的好坏，最重要的须视乎人这个主体的评价。故在图书馆服务工作中，我们需要进行读者满意度测评。而图书馆管理工作的好坏，一方面要接受读者的评价，另一方面还要接受馆员满意度的测评，甚至还需要管理者自身作出评价。

在管理工作中，我们经常需要对来自读者、馆员和社会的各种问题、意见、建议作出评估、判断。延伸到社会生活领域，当今世界充满不确定性，对同一问题往往充斥着各种意见。任何一个重大事件，都是各方基于各自立场，各说各话，公说公有理，婆说婆有理——而到底谁有理？我们也经常看到，在社会领域，有很多理论和观点，从逻辑上来讲是完美的、无懈可击的，但在实践中，又似乎总是不切实际、不接地气。综合来看，无论管理、管理相关工作，还是构成管理工作基础的社会生活，作为管理者，我们都需要进行分析，作出自己的判断。应对外部世界不确定性的最好方法是强化自身的确定性。

这就引出如何认识世界，如何透过现象看本质，以及人的知识从哪里来等相关问题，也即认识论的经典问题。从理论的视角讲，已有代表性的理论对这些问题作出了解答，包括传统经典的理性主义、经验主义，当代超越传统科学思维的反理性主义，适用于艺术、哲学、历史等领域的现象学诠释学等。实际上，个人体会，人们一定会自觉或不自觉地综合运用这些方法形成自己的判断。我以为，在涉及管理的、对各种问题的考察中，我们应该充分相信并运用个人理性认知的能力，从个体的感受、体验以及图书馆的经验出发，从身边人、身边事、身边机构的经验出发，从书本中积累沉淀的间接经验出发，来对各种现象、矛盾和问题作出自己的独立判断。这些判断构成了我们理论联系实际，实事求是，做好管理工作的逻辑起点。

尊重、信任、协作

　　我国的图书馆都是基层事业单位，实行的是集体领导制度，领导班子视单位规模和层级，一般由 3—5 人构成。因此，在班子内部，就要有相处之道。本人以为，尊重、信任、协作是三个最基本的要素。尊重，包括尊重各自的职位、岗位职责、人格、意见，当然其中有作为常识、共识的各职位的基本定位在。一个班子里面，可能有馆长、书记、副馆长，馆长和书记各有分工，彼此尊重各自职责，业务与行政工作以馆长为主，党建与人才队伍建设以书记为主；馆长为全馆工作承担首要责任，副馆长配合馆长开展工作，但正职对副职有明确授权，在授权范围内充分尊重副职的工作和意见。尊重还包括对成员，尤其是正职对副职人格的尊重。班子中存在权力结构，副职要维护正职的权威，正职也要尊重副职的人格尊严。尊重的核心是基于职责的明确分工或授权，如果分工不清或授权不明，则不可能形成互相尊重的结果。信任，是在分工、授权的基础上，各人充分地开展工作，发挥作用，形成各人在不同专业领域的意见，并对各自的工作结果负责，在此基础上，班子成员互相信任，最大限度减少协调、重复工作的成本，以最小成本获取最大效益。信任的核心是每个人都在职责范围内，依法依规、负责任地开展工作。协作，在分工的基础上，难免工作有交叉，也难免有人员缺位的情况，这时候馆长、书记就要协调其他成员进行补位，各成员也要自觉承担补位责任。我的体会是，做到以上三点，领导班子就会团结协作，既有能力，又有活力，能够实现管理效益最大化。各层级以及各层级之间的工作关系也是如此。

科学理论与实践要求的平衡

　　我颇为服膺当代管理学大师彼得·德鲁克的管理思想，并努力践行之。我以为，德鲁克的管理思想与实践结合相对紧密，比较适合公共图书馆的管理实际。当然，即便如此，中国有自己的国情，所以必须强调要将科学理论与工作实际结合。这是我们在学习、运用各种科学管理理论过程中必须细心体会并处理好的问题。

　　德鲁克在他的经典作品《卓有成效的管理者》一书中，告诉了我们一些激动人心的观点：一群平凡人，能做出不平凡的事业；卓有成效是可以学会的；每个人都必须卓有成效——卓有成效是管理者必须做到的事情，但是在所有的知识组织中，每一位知识工作者都是管理者，即使他没有所谓的职权，只要能为组织做出突出的贡献，他就是管理者；管理者的成效是决定组织成效的最关键因素，所有负责行动和决策而又有助于提高机构工作效能的人，都应该像管理者一样工作和思考。德鲁克也为我们指出了实现卓有成效的路径：善用时间，专注贡献，用人所长，要事优先，有效决策。

德鲁克指出，时间是最稀缺的资源，有效的管理者要善用时间，有效的管理从管理时间开始。包括：只做自己必须做的事情、只做必须自己做的事，放手可由别人做的事、别人该做的事、别人可以做好的事，因此分工、授权以及委托等就很重要。不浪费别人的时间，其中典型的如尽量减少会议、尽量减少参会人员、尽量通过运行良好的公共平台而非会议传递信息、尽量通过会议记录而非人员参会传递信息，为当下工作而不为培养员工等其他目的而开会。消除浪费时间的活动，将程序性、事务性的工作制度化，将风险管理例行作业化，精简人员以免工作交叉，健全组织以减少需要会商的情形。专注贡献，意指务使自己的努力产生必要的成果，要专注对外界的贡献，而不是工作本身，更不是指工作过程，要由专注于问题转向专注于机会。管理者要经常反省，为什么组织聘他为管理者。应该经常想到自己的目标和组织的目标，进而关切个人的价值与组织的价值。着眼于贡献，重视的应当不仅是方法及由方法产生的效率，更重要的是目标及其结果。用人所长，即把工作建立在优势上，善于利用管理者自己、上级、同事和下级的长处。这是对人的尊重，既尊重自己，也尊重他人，使个人目标与组织需要相融合，个人能力与组织成果相融合，个人成就与组织机会相融合。要事优先，强调的是要把精力集中在少数主要领域。强调管理者的终极产品是管理者和组织的绩效，重点不是管理者周围发生的事情，而是管理者应该努力促成的事情。有效决策其重心在合理的行动。包括先有见解后有决策；激发反对意见；准备备选方案等。

在实际工作中，尤其近几年来，国家对图书馆等事业单位的管理要求越来越规范，越来越细致，合规管理要求越来越多。所以德鲁克提出的上述目标和路径，以及其他科学管理理论需要我们辩证地去认识和施行。如时间管理，我们各级的管理者尤其面临分身乏术、忙得团团转的问题，但我们强调的是基于身份的管理及相应较为宽泛的管理责任，强调一岗多责；事业单位实行的是民主集中制和集体决策，同时建构不同主体间的监督制衡，而会议是一种基础性的信息传递和决策机制；我们的合规管理体制机制，突出强调对过程的规范管理，尤其是财务管理、人事管理等；我们强调以人为本，更倾向于立足长远，培养、选择综合表现优秀的人才；我们强调既要抓大事、主责主业，同时也要求深入群众、深入一线；我们强调决策程序，同时也强调对效果的评估及评估结果的运用；等等。

总之，作为图书馆这一基层事业单位的领导者、管理者，我们要优先遵循、落实各项合规管理要求，在此基础上，尽可能将科学管理理论应用到实际工作中。

依法依规与宽容

　　日常管理工作中难免会碰到员工出错需要处理的情形。作为管理者，首先要秉持公心，以同样的原则和标准公平地处理同类事情，只有公平，才能服众，这也是做好管理工作的基本前提。其次，要做到依法依规。处理事情，尤其是涉及处分人时，一定要慎之又慎，提出的处理意见，要有法理的依据，标准实在不太明确的，可以参考同类案例处理，连同类案例都没有的，只能是基于合理合情的考虑提出相应的措施。当今社会是法治社会，国家也全力推动依法治国，一切事物、行为都要在法治的轨道上运行。而且有的事情可能是一定范围内的公共事件或容易演变成公共事件，在当事人有明确主张、员工比较关注或有有关部门督办等情形下，尤其要强调依法依规，包括程序的规范。在依法依规的前提下，在可以合理选择的尺度范围内，我以为，如果责任方深刻地认识到了错误、有真诚悔改之心、得到了足够的教训惩戒，并且有条件协调取得相对方谅解的，则尽量也给责任方机会，处理得相对宽容一些，既能平复相对方的情绪，也让责任方有改正的机会。本人有关这方面的想法，来自多年前阅读安德鲁·卡内基——20 世纪初美国钢铁大王、美英等国公共图书馆事业最大的资助者——的自传留下的极其深刻的印象。卡内基自述年轻时在铁路部门工作，曾有过不慎丢失铁路工人薪金的经历，幸运的是钱最终失而复得。此事对卡内基的影响是，"我从不主张对年轻人太严厉，即使他犯了一两个可怕的错误"。宽容待人，这是成就卡内基商业帝国的原因之一。人非圣贤，孰能无过，知过能改，善莫大焉。这个故事使我以后无论在生活中还是工作上，都能把宽容待人作为一个基本原则。我认为，这当然也是以人为本理念的一个具体体现。

图书馆的专业决策机制

　　提出图书馆专业决策机制的问题至少基于两个基本情况。一是图书馆领导班子成员聘任面临比较普遍的行政化问题，尤其是馆长聘任，因为要实施轮岗制，故有相当部分的图书馆馆长由主管部门的处长或其他公共文化机构的领导转任。这方面的情况，图书馆等公共文化机构与高校类似。二是公共图书馆的功能与服务越来越趋向于多元多样化、多层次化。突出的体现之一是阅读推广、文化交流、展览展示等活动的数量大幅增加，广州图书馆近几年来每年大大小小的活动超过了 4000 场。传统的集中式决策机制难以科学、及时有效地作出决策，事实上也无必要对所有具体的业务都在馆的层面进行决策。因此需要基于业务架构，建立多中心的业务决策机制。广州图书馆近年来已经建立由职能部门或分管领导主导运行的文献信息资源建设委员会、信息咨询服务、公共交流活动等协调决策机制，"十四五"期间计划进一步完善业务决策机制。除"三重一大"规定的重大事项外，大部分一般性的业务决策都交由这类机制完成。

不能承受与必须承受之重

馆长生涯中最困难的莫过于在图书馆内面对生命的消逝。乍听起来，似乎不可思议，但只要稍作思考，就知道不难理解：图书馆是公共场所，任何人都可以进来，因此也有发生任何事情的可能；当代图书馆建筑很多是高层或多层建筑，而且强调空间的开放设计，很多还设计了高大空间，使各种突发事件的发生有了可能性；当今社会正处转型期，经济高速发展，生活节奏飞快，有相当数量的人因生活、工作、学习、感情等种种压力存在心理问题，有适当的机会就可能释放出来，图书馆等公共场所就成了许多此类问题的承受者。

第一次。当时我正在图书馆负一层餐厅吃午饭，接到同事电话说，出事了，快来。我匆匆跑到一楼大堂，看到保安已在周围及各楼层围成一圈，中间垂直电梯旁用屏风围护，地上躺着一个人，报警、叫救护车，医生到场，判断已无生命体征，联系殡仪馆拉走遗体，联系家属，协助警察处理善后事宜。事后经警方调查，逝者是一位十九岁的男性青年，本馆注册读者，有抑郁症。

第二次。一男性读者在自动步梯上行走时，突然扑倒在地，附近工作人员、应急救护人员立即施救，并报 120 急救，但遗憾亦是回天无力。

第三次。在外参加会议、正用餐时，突接馆内电话，说一个读者乘保安不备，攀爬上了玻璃幕墙的横梁，离地约 30 米，已采取紧急闭馆措施。我立即赶回馆，公安、消防、急救等各方均已到场，所在区公安局副局长坐镇指挥，街道警员、市局谈判专家等到场协助处理，前后历经十四个小时，一直到次日凌晨 2 时才将人劝导下来。事后调查，肇事男子系因感情纠纷，遂到图书馆，希望在公共场所，借助其他方力量挽回前女友。该男子后因扰乱公共秩序被依法追究刑事责任。

以上各事经相关方调查，因我馆建筑、安保管理、应急处置等工作规范，遂都定性为突发事件，非馆方责任事故。本馆虽不承担责任，但在管理上、在管理者心理上形成沉重压力。事后我们都采取了强化管理措施，包括加强安保巡逻、增加技防投入、围蔽空中连廊、封闭玻璃幕墙检修口等，以及馆员心理干预措施，还专门请建筑设计方作了专门研究设计并组织专家研讨，但结论是难以通过建筑改造路径减少风险，否则将对功能、风格、形象造成较大影响。

图书馆作为公共空间，此类突发事件的风险实际上不可避免，对广州图书馆这样的城市地标性建筑来说更是如此。欲蒙其利，必承其重。作为图书馆管理者，我们将不得不承受这样的管理和心理压力，只希望社会和相关各方理性看待，理性区分社会责任与管理责任。

组织文化与地方文化

　　理念是发展规划也是组织文化的核心组成部分。广州图书馆做过三轮五年规划，每一轮我和同事们都要重新讨论理念问题。理念表达的来源有国家倡导的时代化的价值观念、国际图书馆界的基本共识、地方文化以及图书馆自身传统等多个层面，需要综合考虑。规划包括理念明确后，需要在各种场景传播，但传播面向的主体还是当地的居民和读者。在新一轮理念传播的过程中，我忽然领悟到，既然理念传播的主体对象是当地居民、读者，传播的场景主要是在日常服务中，那么为了更好地传播、为了得到更广泛的认同，图书馆理念或组织文化应该与地方文化有更为紧密的联系。

　　以广州为例。广州有2200多年的历史，是我国历史上唯一一个一直对外开放的口岸城市，因此积淀和涵养了学界公认、社会各界广泛认同的开放、务实、包容的岭南文化传统与特色。岭南文化形成这样的特点其实只要略作思考，就能理解，它与地理、经济有直接的因果关系。广州面向南海，经济以对外贸易为特色甚至主体，海上商路到达东南亚、中东、东非，近代以来更先后抵达欧洲、美洲，因此要发展对外贸易就必然要对外开放口岸，也必然带来人员与文化交流；而要和来自不同国家、地区、背景的人做生意，必然会遇到各种各样不同于国内市场、文化习俗的新问题，因此必须要以务实的态度去解决这些问题，才能使交易交流得以持续；而要面对和处理各种不同问题，必然要有包容的心态和观念。这样的文化特质非常契合当今这个改革开放的全球化的时代，并为新的时代因素进一步强化。广东人口超过 1.1 亿，其中外省移入人口约占一半，各地移入人口有各种不同的历史文化背景，也需要以开放包容的心态去接纳。因此，广州人的开放、务实、包容是刻在骨子里的，是底色和本色，并不需要刻意去培养，只要有环境，它就能茁壮成长。广州图书馆从"十三五"发展规划起，理念表达为"理性、开放、平等、包容"，四个关键词中有两个与岭南文化的表达相同。

地方文化对图书馆的影响还体现在服务上。无论图书馆界还是有过不同城市图书馆阅读经历的读者，普遍认为南方图书馆的服务与北方不一样，南方图书馆的服务意识更强，服务通常更为周到。但实际上何止是图书馆行业。"食在广州"有口皆碑，广州的餐饮服务名满天下；广州的其他众多商业服务也可谓中国之冠。所以，图书馆服务的不同，主要动因不是图书馆主体的不同，而是地方文化的不同。

　　甚至于事业层面，广州、广东的公共图书馆事业也具有明显的地方特点。若论教育与人才支撑，北方尤其是北京高校林立，人才济济，人才支撑能力最强，从业人员素质普遍较高；中部有武汉大学图书馆学及相关专业作为执牛耳者强力支持；东部除了有发达的教育与人才支撑，还有强大的经济实力和一向重视教育文化、重视相应投入的传统。广东最重要的特点是什么？我认为，受地方文化影响，重视服务、务实不务虚排第一位；领军人物多出身图书馆学相关专业排第二位，背后原因是整个经济社会运行的专业化分工水平更高，以及"专业人做专业事"的专业化分工意识普遍更强，而其结果是服务和管理的专业化水平更高；开放区域、开放型经济体、多元背景居民所带来的开放、多元的思想观念与来自各行各业、来自国内外的经验排第三位。故广东尤其是珠三角可以发展成为我国公共图书馆事业最好的地区之一。

组织文化与信仰

　　近读阿拉伯裔美籍学者菲利浦·希提（1886—1978）著《阿拉伯通史》，其中总结在伊斯兰教扩张时期，穆斯林军队能在短短时间内征服当时拜占庭与波斯两大帝国占有的中东新月地区、叙利亚、两河流域的伊拉克、尼罗河流域的埃及等大片土地，一跃成为庞大帝国，其原因不在于武器的精良、组织的优越，而在于伊斯兰教信仰带来的旺盛士气，沙漠生活带来的耐久力和游牧民族的机动性，其中最重要的是信仰的力量。读到这里，我猛然意识到，所谓组织文化，其核心其实就是信仰的力量。广州图书馆新馆建成开放以后整个馆生机勃勃、充满活力，服务效益、影响、格局、面貌焕然一新。究其原因，我想一是时代使然。处在改革开放的大时代，社会中的每个人都积极向上，相信国家、社会发展会越来越好，都愿意在其中贡献自己的一份力量。而且正值国家高度重视、大力推进图书馆事业之际，免费开放、体系建设、立法保障等一系列重大工作相继推进。广州图书馆新馆建成开放后，政府加大财政保障和人员编制支持，推进地方立法，提出"图书馆之城"建设目标并切实贯彻实施，真正实现良法善治。可以说，从整个国家、文化系统到广州市各个层面，对图书馆事业而言都是一个大好局面。这映射到图书馆内，必然会对图书馆员队伍产生莫大的激励作用。恰在此期间，广州图书馆于 2010 年编制完成并实施第一个科学意义上的五年发展规划，全馆同志与外部专家及各方面利益相关者共同努力，第一次总结提炼出了愿景、使命、理念、目标、策略、行动方案、指标体系等体系化的事业发展逻辑，既有理念，又有目标、路径，为全馆馆员指明了一个为大家普遍认同的、理想的、光明的前景并确立了规范与要求，对全体馆员充分发挥了引导、激励作用。这实际上就是组织文化与信仰的力量。

对标管理

　　我认为，当前中国的公共图书馆事业已进入专业化发展时代，其中包括管理的专业化。那么我们首先要问，管理专业化的内涵为何？这里摘引盛小平教授《图书馆职业发展与制度建设》一书中关于美国图书馆管理者职业资格认证标准的介绍，作为我们反观我国图书馆专业化管理的参照系。

　　2006 年，美国图书馆协会联合职业协会（ALA Allied Professional Association，ALA-APA）开始实施公共图书馆管理者认证（Certified Public Library Administrator，CPLA）。该项认证共包含 9 项内容（如下表），分为核心技能与选择性技能两部分，对核心技能，申请人必须选择且达到其规定的认证要求；对选择性技能，申请人需要达到其中的 3 项。

美国公共图书馆管理者认证标准

领域		需达到的要求
核心技能（必备的）	预算与经费	预算和成本／效益报告符合标准的会计原则
	技术管理	记录读者和馆员的技术需求； 注意当前技术的功能与图书馆需求之间的差异； 被推荐的技术应能满足现有的需求
	组织与个人管理	人事政策完全符合本地、州和联邦的授权或要求； 基于职员需求做出雇用、解雇和培训决定； 利用必要的人力资源支持方案与服务的实施； 组织结构是高效率的； 职员得到及时反馈，使其能够自我修正或与图书馆目标结合起来； 职员有权使用他们从事工作所需的工具与信息； 职员按要求得到培训
	建筑规划与管理	设施要满足可维护性和《美国残疾人法案》要求； 资本投资能支持远景规划和既定功能与服务，且能与市场中同样规模的规划相匹配； 提供服务的专业人员须通过公开竞争的流程来获得必要的证书和认证； 有关规划、设计、建造、利用的工作文件都要存档，以供未来参考和公众查阅

续表

领域		需达到的要求
选择性技能（可选择的）	当代议题	搜集的数据是相关的和有用的； 建议是及时的和定向的； 对有关图书馆优先权的问题有进一步的探讨； 运行方案能容纳相关问题的影响
	营销	需求得到识别； 产品和服务满足已识别的需求； 营销活动是有效的
	筹款／获得捐款	筹款活动的目标和宗旨须备有证明文件； 可行的筹款机会要付诸行动； 奖励和筹款活动支持长远规划
	政策与网络	分析是基于系统的和备有证明文件的； 公共关系有助于图书馆目标和宗旨的实现； 规划在战略上是清晰的，在步骤上是详细的
	服务各类型人群	可服务不同数量和类型的人群； 计划、服务、资源和设备满足社区不同人群的需求； 管理系统能适用于不同文化背景的职员和部门

上述标准需要进行专业的引介和研究。这里仅结合我的个人经验认知作一些初步的解读。

关于预算与经费。从 2018 年起，我国已全面推行预算绩效管理。在实践层面，如广州等地财政经费预算已推行绩效管理多年，近三年来进一步强调预算支出序时进度要求。对馆层面和大部分部门层面管理者而言，这已是基本要求。我的理解是，作为基本要求，所有管理者都要有明确的绩效管理意识，以及建立明确的经费预算绩效目标和指标体系。我国公共图书馆还普遍存在效能不高的问题。作为管理者尤其是馆长，首先要具有绩效管理的意识和能力。当然，就图书馆而言，我们相关的经费预算绩效指标体系还有待发展完善，或者说业务指标体系还不能与政府预算管理的要求完全对接起来。

关于技术管理。主体内容包括图书馆基础业务、公共服务与活动、文献信息资源、读者与用户行为、空间与设备设施等各流程、资源、要素相关的信息化管理技术，包括计算机集成化业务管理系统、数字图书馆系统、移动图书馆系统、智能图书馆系统等不同阶段的不同技术形态。图书馆管理者不一定是技术专家，但需要对图书馆界应用的主流管理系统，对图书馆信息化、网络化、数字化、智能化的发展演进历程和趋势有基本的了解和把握。社会信息化的浪潮深刻地改变了世界，也改变了图书馆，新一代智能技术的应用也将推动图书馆发展由量变走向质变。此外，从管理者视角看，业务统计的相关技术也应是一项重要内容，统计对象包括读者、文献信息资源、服务、馆员等。而其中，如读者管理方面，基于个人信息保护，也基于与社会的技术应用环境，当前图书馆注册环节已普遍简化，该环节收集的读者信息有限，因此，利用大数据等技术收集更多读者信息成为一个现实的需求。在数字资源及其利用方面，目前包括数字资源库的个体统计与数字资源库群的体系化统计，无论资源统计还是服务效能统计，功能相对都比较薄弱，远未能满足专业化统计需求，对资源与服务管理的支撑作用还远远不足。

关于组织与个人管理。组织结构需要契合业务需求。我以为，与目前我国普遍施行的五年发展规划机制相配合，有一定的组织结构才具备相应的功能，因此图书馆的组织架构需要进行相应的审视和调整，以在组织层面保障规划的实施，并随着需求、业务的变化及时调整。首先，当前我们面临的一个主要困难是，按编制管理政策要求，至少相当部分图书馆自身没有调整组织内设机构的权限。其次，如何在基本的组织结构或科层制管理下，进一步激发全馆馆员的活力，以保障人力、人才资源可以应用在跨部门的创新服务与业务上。这也是佛山市图书馆近年来有成功实践的主要领域。最后，从广州图书馆的实践看，随着服务结构的变化尤其是读者活动的日常化，图书馆业务管理明显呈现出扁平化和多中心化的特点，这也要求图书馆从组织运作机制层面进行相应设计。这方面广州图书馆的做法是，赋权主要职能部门在活动策划组织上发挥主导作用，同时也逐步赋权不同部门作为统筹部门分别统筹协调一方面的业务。在员工管理方面，美国标准体系包括组织文化管理、信息共享、继续教育等内容。我的理解是，我们需要在馆员学科专业背景多元的情况下，开展馆员队伍的专业化、职业化建设工作，包括专业化知识、技能、职业化理念、伦理培训，学术能力提升，组织文化建设等。广州图书馆设立了研究发展部，重点支持馆员的专业化成长与职业化发展，取得了比较明显的效果。

　　关于建筑规划与管理。对有新馆建设机遇的图书馆而言，这是一个重要的管理要求；对具有指导基层图书馆建设职责的中心图书馆、区域总馆而言，这也是经常需要利用的管理知识与技能；对一般图书馆而言，这方面的要求体现在智能建筑管理、机电一体化、节能环保管理、空调电梯等专业设备管理、消防与公共安全管理、残障人士与未成年人等相关设备设施管理等方面；对许多大型图书馆而言，可能通过购买物业服务的方式实现。

　　关于当代议题。主要指与当代图书馆社会功能相关的公共话题、公共性议题。如前些年社会各界和图书馆界曾广泛参与讨论的图书馆藏古籍的开放利用问题，如东莞图书馆吴桂春事件背后折射的服务均等化、信息公平问题，如郑州图书馆在城市内涝时开放馆舍以履行社会责任问题等。图书馆管理者需要关注这些重大问题，深入思考、积极参与讨论，对议题形成基本意见和立场。特别是，图书馆管理者还需要加强对政府政策信息的收集与研究，以及时转化为图书馆的服务。

　　关于营销。这是当前我国图书馆界逐步重视的管理领域，我们也有不少图书馆积极参与并陆续获得了国际图联的各种奖项。我以为，这是图书馆要走向专业化服务、实现高质量发展首先要关注的领域，即对服务对象、服务群体和读者用户的研究。从营销角度看，图书馆已普遍从一般大众服务的阶段进入了分众服务的新阶段。作为公共图书馆，我们首先需要界定未成年人、普通成年人、老年人、残障人士、外来务工人员等群体，体系化地设计相应的服务和活动，配置相应的资源予以支持，并发展体系化的绩效指标对服务效果进行评估控制；其次，对大多数图书馆，还需要进一步细分，如专业研究群体，文学、艺术、科普等领域从业者或爱好者群体，公益慈善组织、非政府组织，政府及其部门等群体，识别其需求，设计提供相应的服务。通过这样的识别、研究与策划过程，实现面向不同群体的服务细分。

关于筹款／获得捐款。在西方国家，这是图书馆普遍开展的活动，如美国公共图书馆通过社会筹资的方式，得到的经费支持占总经费投入的 8% 左右；美国公共图书馆开展各种活动的经费相当部分来源于社会捐赠。在我国的环境中，因为政策所限，绝大多数图书馆可能难以直接筹募经费，所以可以考虑将此项转化为获得各种合作、支持的机会，如开展合作伙伴、志愿者招募，进行年度表彰等。广州图书馆近几年通过社会合作的方式，筹集的活动经费相当于财政投入活动项目经费的十倍左右。

关于政策与网络。其中构建公共关系，是图书馆界已普遍重视开展的工作，广州图书馆设立了专门的团队，近年来来自社会各领域的合作伙伴每年约为 300 个。这些合作伙伴大多参与了图书馆的文化交流活动。当然，西方国家图书馆普遍参与建立的"图书馆之友"支持组织，在我们国家还较少见到。关于发展规划，近十年来，经过业界自觉的持续的推动，现在已有越来越多的图书馆在定期制定发展规划，对推动图书馆的专业化发展发挥了重要的作用。

关于服务各类型人群。我的理解是，服务各类型人群与前述营销领域，有许多内容具有相关性。其中，有关管理系统部分，美国由于是移民国家，所以要求其管理系统能适用于不同文化背景的职员和部门，我国在这方面的现实需求可能并不突出。

以上所述，仅囿于一己孔见，这些领域具体、明确的知识与技能，就构成专业化管理的基本内容。当然，仅就个人经验而言，我国图书馆的专业化管理面临比外国更为复杂的环境，包括更为广泛的内容，还需要解决更多的问题。如人力资源投入保障问题，服务多样化背景下专业化、职业化队伍构建问题，事业单位管理框架下人员活力激发问题，高质量发展背景下的社会参与如其中法人治理结构完善的问题等。我们可以参考国际标准，根据自身国情，发展和建立相应的图书馆专业化管理知识与技能体系。我认为，这应该尽快提上我国图书馆事业的正式发展日程。

理想主义、经验主义与现实主义

　　在工作中，每个管理者都会有一个基本立场，这个立场影响我们对许多工作的态度和看法。我们身处一个改革开放的大时代，国家和社会发展总体上越来越好；同时又是一个转型时代，转型期会有各种探索、尝试，人们的思想观念也日趋多元多样。身处一个急剧变化的时代，各层面的人、各层面的管理者都会受到时代、环境的影响，他的基本立场也可能发生变化。据我的观察，许多管理者兼有理想主义、经验主义和现实主义的基本立场。所谓理想主义，可以理解为深信国家、社会、世界会越来越好，同时深信个人的努力对社会有价值、对人生有意义，可以促成这个世界越来越好。所谓经验主义，可以理解为从经验的视角，从个人经历或身边的人、事的角度去观察、评价社会现象，并且用以对更广范围内的现象作出判断。所谓现实主义，可以理解为，始终抱持理想信念，但不会轻听轻信，立足于通过一时一事的努力、一点一滴的进步，在个体力所能及的范围内，为工作、事业和社会的发展进步作出贡献。相对而言，理想主义可以作为一个强大的内驱力，发挥极大的鼓舞推动作用，推动各方面事业取得长足的进步；经验主义的优点是扎实稳妥，但有时难免陷入被动；现实主义是一种实事求是、积极参与、稳健达观的基本态度，设定目标相对合理，所用方法相对专业，工作成效方面可归纳为以小胜期大胜。中国传统看重风骨、气节，但在现实生活中，很多时候坚韧、达观是更为难得的品质。

2012 年国家文化主管部门开始推动事业单位法人治理结构改革试点。广州图书馆响应号召，成为广东省、广州市第一批试点单位，并于 2015 年成为国家试点联系单位。广州图书馆理事会人员组成的"三三制"原则[①]曾作为试点经验在全国交流。试点在推动社会参与、科学决策、绩效管理等方面发挥了积极作用，经过几年试运行，法人治理的配套改革方面的问题也突显了出来。试点经验让我们看到了改革的复杂性、艰巨性和长期性，因此，我们将工作重心转向力所能及的推动社会参与上，相继于2018 年、2019 年成立专家咨询委员会、读者委员会、读者服务委员会，建立年度发展咨询会议制度，并通过规范和提升年报编制水平，大力推进信息公开工作。通过积极又务实的举措，继续推动改革试点、图书馆服务与管理工作一点点取得进步。我想，作为管理者，我们需要将理想主义、经验主义和现实主义结合起来，将国家规划、基本逻辑与常识以及技术路径结合起来。

---

　　① 理事会成员按国家机关相关部门、广州图书馆代表以及社会利益方代表各占三分之一的原则组成。

学术研究与管理 [1]

改革开放为中国公共图书馆事业的迅速发展提供了一个宏大的社会背景。进入新世纪，随着互联网技术的发展、中国经济实力的大幅提升和社会的深刻变革，公共图书馆事业进入了一个专业水平提升与社会功能转型交汇、个体图书馆发展与区域体系建设并重的全新发展时期。

广州作为国家重点中心城市，由于广州图书馆新馆建成开放和地方公共图书馆立法等机遇，其公共图书馆事业的发展迅速走到了全国前列，逐步形成了新时期中国城市图书馆发展的"广州模式"。这个模式具有多方面的特点，就发展主体而言，政府、行业和社会各自发挥了积极的作用；就动力机制而言，需求、保障与服务"三驾马车"共同驱动，形成了需求驱动、要素驱动与创新驱动并驾齐驱的理想局面。

---

① 原文曾发表于方家忠著《新时代中国城市图书馆发展："广州模式"支撑研究》（广东人民出版社，2018年5月出版）。

　　我于 1992 年进入广州图书馆工作，迄今已 25 年。2005 年我被聘为副馆长，2011 年被聘为馆长，其间参与了新馆建成开放、图书馆立法等新时期广州市公共图书馆发展史上的所有重大事件。作为一名图书馆从业人员，我的主要工作是服务和管理，而我亦崇尚知行合一，深知学术研究与发展创新的关系，故在实际工作的同时坚持学术研究，通过研究加深对工作的认知和理解。回顾广州市公共图书馆事业的发展、个人的职业发展和学术研究的轨迹，我很高兴，因为它们是同步的。学术研究可以通过实际工作，影响事业的发展；还可从侧面勾勒出事业发展的基本轮廓，在相当程度上，也可以视作"广州模式"最为底层的支撑。

　　我以为，广州市公共图书馆事业在新时期最重要的发展，以及对全国图书事业的主要影响在于两方面：一是以广州图书馆新馆为主体、并逐步延伸到全市图书馆体系的多元服务格局的形成，这一服务格局不仅具备专业性，还能满足转型发展的需要；二是以《广州市公共图书馆条例》为主要表现形式，兼具先进性、科学性与可行性的制度设计，以及相应的中心馆 / 总分馆体系建设实践，基本形成具有中国特色的城市图书馆体系建设模式，为国家贡献了一个"良法善治"的典型案例。我这些年的工作与学术研究也一直围绕这两个方面展开，而图书馆发展的比较研究可以视作两方面研究的共同基础。以下是对我个人学术历程的简单回顾。

一、图书馆发展比较研究

2009 年，对我的职业生涯有着重要意义。这一年，我作为广州图书馆副馆长与刘洪辉馆长一起赴美国洛杉矶郡公共图书馆（以下简称洛馆）进行为期半年的专业交流。其间，承蒙洛馆周到和专业的安排，我们对洛馆系统的组织、管理和服务进行了深入的考察；同时对加州地区各类型图书馆以及美国东西部多个有代表性的图书馆进行了访问交流。项目后期，我又申请参加了为期 3 周的中美两国政府间的"放眼全球，行诸全球"中美图书馆员合作项目，对美国公共图书馆的制度设计乃至整个社会架构、文化有了更为全面的了解。回国以后，我进一步搜集相关文献资料，以比较研究的视角，于 2010 年先后发表了 4 篇论文，较为深入地介绍了美国公共图书馆组织、管理与服务，中美公共图书馆建设模式比较，美国图书馆事业保障与行政管理体制，社区认同等主题。这些交流和研究的成果，基本奠定了此后我组织规划广州图书馆新馆发展和参与广州市公共图书馆体系制度设计的基础。令人高兴的是，这一系列的论文也得到了著名华裔图书馆学家李华伟博士的充分肯定，成为 2010—2012 年间中美图书馆员合作项目的重要参考文献。

其中，《美国洛杉矶郡公共图书馆的组织、管理和服务》一文，介绍了洛杉矶郡区域内公共图书馆的三种基本组织形式，三层次管理架构与重视公众参与、战略管理等管理特点，服务组织社区化、对象化等服务特点。该文为广州图书馆新馆建立

"服务 + 活动"的基本格局，以主题化、对象化为路径推进专业化服务，以及推进规划管理、拓展多元文化服务、建设多元化的人力资源队伍等提供了直接的参考。对美国公共图书馆事业建设历程与模式的研究，则让我得出以下结论：公共图书馆体系建设需要一个过程，各阶段发展目标的设定要与经济社会发展阶段以及需求水平相适应，不可混淆阶段目标与最终目标。对于中国公共图书馆体系建设，我建议采取两步走策略，首先发展县区级图书馆、其次发展乡镇（街道）层次图书馆，而村（社区）服务只可设定在补充层面上。同时，鉴于美国公共图书馆（系统）自身服务保障满足率为 97.69%，中国图书馆事业发展的主要目标应是专业化，背后的实质问题是提高投入保障水平，而体系化主要解决的是运作效率问题。这些结论直接影响了此后广州市图书馆体系的制度设计。对美国公共图书馆社区认同的研究，则让我认识到，中国的公共图书馆应全方面建立与社会的良性互动关系，例如：在管理决策机制中应建立并完善理事会设置，在图书馆内部组织结构设计中要增加公共关系、志愿者与"图书馆之友"等部门，在内外部营造表彰公益文化、信息公开的工作氛围，在绩效评估方面要重视社区影响力评价等。这对广州图书馆试点探索理事会制度也有直接的参考借鉴意义。对美国图书馆事业保障体制的研究，则让我认识到，公共图书馆服务作为地方事务，地方立法应先行，并在整体法律保障中发挥主体作用。这一研究结果进一步验证了广州市从 2006 年起推动地方立法的必要性、合理性。

二、图书馆新馆建筑、功能与服务研究

我以为，广州图书馆新馆的特点体现在三个层次：一是服务层次，以主题化、对象化为目标实现分众服务、专业化服务；二是功能层次，通过"多元文化窗口""公共交流平台"的相继引入，建立服务与活动并重的多元服务格局，拓展与发挥公共图书馆作为地方文化中心、交流中心的新功能；三是建筑层次，新馆内部的空间以及外部造型的设计共同呈现出"亲民"的建筑风格，恰恰契合了公共图书馆作为"第三空间"、地方公共空间的发展趋势。新建筑与新功能的完美结合，成就了一个完全意义上的、实现了转型发展的新一代图书馆的形象。

我于2008年发表《论社会转型期图书馆发展的外部环境和对策》一文，提出了在社会转型期公共图书馆发展的几个基本判断：图书馆在社会分工中的地位将得到强化；图书馆需要把维护和保障公民阅读权益、信息权益作为自身的根本使命；作为教育文化机构和社会知识信息交流系统的组成部分，图书馆需要承担社会对话、交流的使命，需要强化作为知识、信息、思想、文化交流平台的作用。

2009年，我在开展中美公共图书馆系列比较研究时，建议并受命组织制定广州图书馆"十二五"发展规划。该规划提出了"连接世界智慧，丰富阅读生活"的愿景，"知识信息枢纽""终身学习空间""促进阅读主体""多元文化窗口""区域中心图书馆"五大使命，以及"建设国内一流、国际先进的国

家中心城市图书馆"的总体目标。这是广州图书馆历史上第一个专业化的五年发展规划，奠定了此后新馆跨越式发展的逻辑基础。随后组织制定新馆专项规划，对服务群体、主题、资源配置等多个要素和服务模式、服务政策进行研究界定，从服务与活动两个方面构建新馆的服务格局，以主题化、对象化为目标落实新馆的专业化布局。广州图书馆"十二五"发展规划为新馆开放服务提供了内在架构，而在规划中可以清晰地看到对美国洛馆的深入研究得出的种种结论。"十二五"期间，在中国图书馆界编制发展规划还只是少数图书馆的行为。因此，2011年我撰写《略论图书馆发展规划的制订——以广州图书馆为例》一文供业界参考。

2011 年底，我被聘任为广州图书馆馆长，领导新馆的建设。2012 年底新馆部分开放，2013 年 6 月 23 日新馆全面开放，2014 年新馆的服务效益跃居全国公共图书馆首位，在全球大型城市图书馆（中心馆）中也位居最前列，并形成了面向未来的服务格局和多元文化服务特色。2013 年，配合新馆的全面开放，广州图书馆组织举办"大都市的公共图书馆事业"国际学术研讨会，我撰写了《社会转型背景下的图书馆多元文化服务》一文，以此对广州图书馆"十二五"发展规划提出的"多元文化窗口"使命进行解读，提出了当代中国公共图书馆多元文化服务的使命与内涵，提出从传统与本土文化、世界多元文化、现代都市文化三方面构建面向普通市民、"新市民"、外籍人士等群体的多元文化服务体系。同年，应《图书馆杂志》之邀，我撰写了《广州图书馆新馆开放服务后的若干启示》一文，讨论了社会需求与功能、服务对象、绩效管理、规划管理等内容，成为颇受业界重视的介绍广州图书馆新馆服务的文章。

2015 年，广州图书馆启动"十三五"规划的编制工作。这一时期图书馆界有很多关于"第三空间"理论的讨论。为推进理论与实践结合，也基于"十二五"发展规划"多元文化窗口"使命的贯彻落实情况，我撰写了《公共交流平台：公共图书馆服务新模式》一文，论证公共图书馆作为社会"第三空间"的功能定位——公共交流平台，以及如何引入平台商业模式构建图书馆服务模式。这一研究成果直接推动"公共交流平台"成为广州图书馆"十三五"发展规划的新使命，也使广州图书馆在城市公共交流中的作用和影响日益扩大。至此，广州图书馆作为城市知识中心、学习中心、文化中心、交流中心的现代化服务格局日渐清晰。经过若干年的实践，广州图书馆发展规划从文本形式到内容、馆校合作编制模式以及比较系统的贯彻实施，都引起了业界的广泛关注。2016 年，应《国家图书馆学刊》邀请，我再从规划实施效果的角度分析规划管理的价值与意义，撰写了《图书馆发展规划的效用问题》一文，探讨了发展机遇问题导向、使命定位、组织结构重组等核心问题，认为编制发展规划是图书馆管理规范化、专业化的重要标志，在社会转型期尤其具有重大的现实意义。

2015 年，为编写新馆建筑图册，我结合广州、全国以及全球范围内公共图书馆发展的历史，撰写了《一座纪念碑式的图书馆》一文，详细阐述了时代背景与图书馆新馆建筑的关系、广州图书馆新馆建筑的历程与特点、建筑与功能的关系、新馆的文化意义等内容。同期，应杭州图书馆《城市图书馆研究》年刊的邀请，撰写了《城市图书馆作为"第三空间"的建筑特征分析——基于广州图书馆新馆的案例》一文，对图书馆建筑与"第三空间"理论的关系进行了研究。

三、城市图书馆体系制度设计与管理

广州市公共图书馆体系建设的特点表现为两点。一是通过立法手段实现制度设计，在保障公众权益理念、明确政府保障责任、量化政府保障标准且多为国际通行标准、实现总分馆建设体制创新等多方面体现出先进性。我以为，其中广州市公共图书馆服务保障目标设定到乡镇（街道）一级尤其体现出制度设计的科学与务实，具有强烈的示范意义，成为新时期中国公共图书馆制度设计的典范。2015 年底在《广州市公共图书馆条例》颁布以后出台的《广州市"图书馆之城"建设规划》对制度设计进行了补充，规定了乡镇（街道）图书馆最低建筑面积标准，其目的是为图书馆专业化服务提供最基础的物质保障。这些制度设计的形成，相当部分应用了我于 2009—2010 年间对中美公共图书馆发展比较研究的成果。二是多主体推动制度设计贯彻落实。这些主体包括政府机关、图书馆行业、大众媒体、公众等几乎所有利益相关者。其中公共图书馆通过大力提升服务效能推动制度的贯彻落实。

　　我长期关注公共图书馆事业的发展。2001 年，我开展了广州市公共图书馆事业"十五"发展战略研究，内容包括国内外主要城市图书馆发展指标、国际通行指标体系、广州公共图书馆的发展目标与路径等，入选了广州市第六次文化发展战略研讨会的交流内容。2002 年，发表《广州与香港的公共图书馆比较与研究》一文，通过比较两地图书馆事业的投入产出，对构建基层服务体系和改革行业管理体制提出建议。我还在《加强合作，理顺关系，营造图书馆服务网络——谈图书馆与文化站的关系》一文中，提出图书馆与文化站合作发展图书馆网络的建议，时至今日仍具有很强的现实意义。

　　2006 年，"广州市图书馆专业人才高级研修班"举办期间，市委宣传部启动了广州市图书馆立法课题研究，程焕文教授是课题负责人，我与刘洪辉馆长同为课题组成员。课题组于年底提交了《广州市图书馆条例（草案）》。2007 年图书馆立法被纳入市人大立法预备项目，但到 2008 年终因人事变动而搁置。

　　2008 年，我发表《试论大城市公共图书馆服务均等化的目标及其实现模式》一文，对城市图书馆发展不充分不平衡的现状、总分馆制建立的必要性与可行性、实现服务均等化的路径等进行了讨论，提出了由区级政府统筹区域范围内总分馆体系和错位配置不同层级政府事权的思想。

　　2010 年，我结合广州第一轮图书馆立法的体会，发表《试论推进地方图书馆立法的三个"必要性"问题》，就图书馆立法与地方立法的必要性等问题进行讨论。

2012 年，广州启动新一轮地方图书馆立法工作，我作为广州市文广新局立法小组成员，全程参与了《广州市公共图书馆条例》（以下简称《条例》）的制定工作。2015 年，《条例》颁布实施，成为业界公认的中国目前最好的地方公共图书馆法。时至今日，《条例》贯彻实施了两年有余，广州市"图书馆之城"建设水平迅速跻身全国最前列。

2014 年，基于《条例》即将颁布实施，广州市文广新局和广州图书馆一起策划出版《〈广州市公共图书馆条例〉解读》一书，书中我撰文讨论了地方立法对公共图书馆事业的作用，将其总结为保障、促进、规范、提升四个方面。

2015 年，广州承办中国图书馆年会。对于文化主管部门和图书馆界广泛关注的"广州模式"，我发表了《广州市公共图书馆发展的六个核心理念》一文，总结出权利保障、绩效管理、规划管理、双向参与（社会化）、立法驱动、区域共同体等六个广州市公共图书馆发展的核心理念。

2016 年，蒙中国图书馆学会刘小琴副理事长抬爱，我担任新组建的中国图书馆学会公共图书馆分会城市图书馆工作委员会主任委员。基于对该工作委员会职责的思考和多年来的研究与实践，我从图书馆体系建设的视角，发表《城市图书馆在公共图书馆发展中的引领作用：逻辑与路径》一文，提出公共图书馆事业"需求、保障、服务三支柱"发展框架，城市图书馆作为"知识中心、学习中心、文化中心、交流中心"的功能定位，以及服务效能提升与相应信息公开、中心馆 / 总分馆体系建设、"三支柱"发展机制建设等三层次引领机制。

　　作为一名图书馆人，我深感幸运，有机会服务于一个事业大发展的时代和广州这座务实、开放、包容的城市。我的幸运来自我几乎得到了所有方面的支持、帮助和鼓励，借此机会向以下人士表达由衷的谢意：感谢陈建华主任，他的社会理想、政治家的胸怀和人格魅力具有强大的感召力，让我和广州地区许许多多的图书馆同人成为他忠实的追随者；感谢我的老师程焕文教授，他的理想主义、图书馆服务理念也是我与许许多多图书馆从业者的精神动力，程老师也为我创造了宝贵的学习机会，这些年来在我需要的时候总能提供全力支持；感谢我的师友刘洪辉馆长，他的厚爱为我的职业发展提供了最重要的机遇，他的博学与深邃的思想、对后学的宽厚、处理复杂问题的智慧等，都让我获益良多；感谢我的老师曹树金教授，他协助制定的广州图书馆"十二五"发展规划在广州图书馆发展史上具有重要的意义；我还要感谢谭祥金、赵燕群、李华伟、黄俊贵、潘燕桃等各位老师、前辈，他们对图书馆事业的热忱、对广东图书馆事业的无私奉献和卓越贡献、对晚辈后学的奖掖扶助令人动容。衷心感谢何建平、罗小红、黄秋玲、吴翠红、王永东等各位同事，与我同甘苦，为广州图书馆事业的发展付出了巨大的努力。我也要衷心感谢我的夫人张海燕长年来默默付出，为我的工作和研究提供了巨大的支持。

　　谢谢所有对我给予过指导、支持和帮助的朋友。

特殊时刻

建设中国特色世界一流的"图书馆之城"①

　　广州图书馆成长于一个伟大的时代。今年恰逢建馆 40 周年和新馆建成开放 10 周年，与国家的改革开放事业同频共振，尤其是党的十八大以来实现跨越式发展，充分体现了中国特色社会主义和现代化建设事业的伟大成就。

　　广州图书馆以习近平新时代中国特色社会主义思想为指导，牢记"传承文明、服务社会"的初心使命，在广州市委、市政府的高度重视、支持，在市文广旅局的领导下，深入贯彻落实中央关于构建现代公共文化服务体系等决策部署和公共文化服务保障法、公共图书馆法等法律法规要求，扎实推进城市文化综合实力出新出彩，打造社会主义文化强国的城市范例，推动社会化、数字化、专业化和转型发展，逐步形成具有中国特色、时代特点又同时具备国际化特征的公共图书馆发展的

---

① 2021 年 11 月,广州图书馆被人力资源和社会保障部、文化和旅游部评为"全国文化和旅游系统先进集体"。此为先进集体总结稿。

"广州模式"。

一、建设一流的城市图书馆

一是充分发挥社会职能,服务效能稳居国内公共图书馆首位。广州图书馆秉承"一切为了读者"、保障公众基本文化权益的理念,尤其是抓住 2012 年新馆建成开放的机遇,持续丰富功能、资源与服务,自 2014 年起基本服务指标值稳居全国公共图书馆首位,在世界上也处于领先地位,年接待读者量突破 900 万人次,年文献外借量突破 1100 万册次,年举办读者活动超过 4000 场次,2021 年注册读者累计已达 230 万人,年利用数字资源达到 1.2 亿篇(册)次,广大市民参与感、获得感、幸福感显著提升。

二是持续优化服务结构,推动向以人为中心、作为社会公共空间的图书馆转型。形成由文献信息服务、公共交流服务、数字化服务、体系化服务构成的,既契合需求又面向未来的多样化服务框架。同时以主题化、对象化为路径,实现公共服务细分和专业化,将服务全面覆盖主要领域和所有群体。

三是统筹疫情防控和公共服务,发挥韧性,保持最大限度开放。疫情后,转变服务方式,利用技术赋能,拓展服务时空边界。2021 年新增注册读者 61 万人,除接待人次指标外,服务效能基本恢复到疫情前水平。

二、建设一流的制度保障和一流的"图书馆之城"

一是推动制定《广州市公共图书馆条例》,被公认为最好的地方图书馆立法。条例立足于保障公众基本文化权益的先进理念，落实了政府对公共图书馆事业的保障责任，实现量化、标准化；突破一级政府建设一级图书馆的传统体制，规定区级人民政府作为各区域内总分馆体系的建设主体；全市公共图书馆服务保障目标设定在乡镇（街道）层次，兼具先进性与可行性；明确广州图书馆为中心馆，建立中心馆总分馆行业管理体系。此后，配合贯彻落实公共文化服务保障法、公共图书馆法，相继参与制定"图书馆之城"建设规划等配套制度 11 项，组织实施全市统一业务标准 6 项，并于近期出台《广州市"图书馆之城"建设五年行动计划（2022—2026）》。条例及系列配套文件，为全市服务体系建设提供了强有力的制度保障。

二是统筹推进"图书馆之城"建设，推进标准化均等化服务取得显著进展，主要人均指标位居全国大城市前三位。2015年《广州市公共图书馆条例》颁布实施后，广州图书馆作为中心馆，全力推动"图书馆之城"建设。截至 2022 年上半年，全市共有实现通借通还的总分馆、服务点 748 个，其中面向所有公众免费开放的公共图书馆（分馆）333 个。2015—2021 年，服务人口年人均访问次数从 0.95 人次增至 1.92 人次，年人均文献外借次数从 1.02 册次增至 2.13 册次，年人均数字资源利用次数从 3.74 篇（册）次增至 8.42 篇（册）次，每万人参加活动人数从 1308 人增至 4526 人，注册读者占比从 14% 增至 24%，乡镇（街道）、社区基层服务在全市体系中占比稳步提升。

三、形成有中国特色、兼具国际共性的公共图书馆发展"广州模式"

当代中国公共图书馆事业的时代使命是建设体系，实现服务的普遍均等。广州图书馆立足本土，放眼世界，逐步形成了自己的发展模式。

一是在体系结构上，建立了适合中国城市管理体制特点的，以广州图书馆为中心馆、以各区馆为区域总馆的中心馆总分馆体系。在此基础上，形成一个体系、两级政府、三级设施、四级服务的建设模式，突出强调将公共图书馆服务体系骨架建立在乡镇（街道）层面。

二是在建设体制上，建立了市委统一领导、市区两级政府保障、人大立法与监督、社会参与、图书馆行业运营的五方体制。其中：市人大自条例实施以来，已开展三次监督检查。市区两级政府和文化主管部门发挥人财物保障作用，2015 年以来新建、改扩建市区级图书馆 12 个，人均经费投入从 20.81 元增至 34.14 元，增长 64%；人均文献购置费从 3.85 元增至 8.17 元，增长 112%。社会力量积极参与共建图书馆，截至 2021 年底，参与共建分馆达到 104 个，达到全市分馆总量的 1/3。2021 年投入资金约 8362.70 万元，投入空间资源约 6.78 万平方米，配备专职工作人员 137 人；同时大力推进馆校合作，166 个学校图书馆纳入通借通还服务网络，形成共建共治共享新格局，2 个区全区中小学图书馆纳入全市通借通还体系。广州图书馆作为全市中心馆，履行五项法定职责，统筹推进通借通还服务网络、信息化管理系统和数字图书馆三大平台，持续提升全市体系建设与服务标准，如推动全市所有图书馆免押金注册，注册读者可外借文献量由 5 册、10 册持续提升到 15 册、20 册、30 册；同时对标发达国家和地区城市图书馆，广泛吸收先进理念和经验，率先实施规划管理，连续编制实施 3 个五年发展规划，形成规划引领发展的专业化管理模式；实施绩效管理，推动服务绩效跨越式、持续提升；同时在推进数字图书馆服务、法人治理结构改革试点、年度报告制度、粤港澳大湾区公共图书馆联盟、国际化专业与文化交流等多个领域发挥引领作用；实体文献资源于 2021 年突破 1000 万册（件），专业化人才队伍同步迈入国内图书馆前列。

综合来看，"广州模式"呈现出快速发展、跨越式发展的特点，充分体现了中国特色社会主义的制度优势，是党和政府、文旅部近年来一系列政策指引、规划、法律、规范在广州的生动实践。

习近平总书记在给国家图书馆老专家的回信中指出："图书馆是国家文化发展水平的重要标志，是滋养民族心灵、培育文化自信的重要场所。"广州图书馆将继续深入贯彻落实习近平新时代中国特色社会主义思想，持续建设国际一流"图书馆之城"，推动图书馆事业向高质量发展新阶段迈进，为建设社会主义文化强国再立新功。

新馆十年 ①

    非常高兴和大家一起迎来广州图书馆 40 年华诞。我很荣幸，在 2011 年底新馆即将建成开放时被聘任为馆长，在十年发展过程中充当了一个引领者的角色；也非常幸运，在一个改革开放的大时代，在广州这座现代化大都市的大舞台上，在前辈们树立的优良传统和开创的各项事业基础上，全馆同事团结协作，得天时地利人和，推动广州图书馆实现转型发展和跨越式发展。

    广州图书馆的发展和中国的改革开放事业同步，是广州市改革开放的代表性成就之一。进入 21 世纪，改革开放进入新时期，以权益保障为价值取向、以平等服务为基本目标的社会建设如火如荼地开展起来；在公共图书馆领域，中国推动了服务体系建设和免费开放两大变革，并完成了基本制度设计，实现了法制保障。这一时期全国也兴起了新一轮图书馆新馆建设热

---

① 本文于 2021 年发表于《广州图书馆 40 年亲历文集》。

潮，极大地改善了图书馆服务的条件。而在图书馆行业内，随着互联网迅速演变为社会的主要交流系统和人们阅读方式、信息获取方式的改变，全球范围内的公共图书馆都面临着转型发展的巨大考验。

广州作为改革开放前沿地，在 21 世纪以来的各项现代化建设事业中走在前列，文化建设更以"建设文化强市，培育世界文化名城"为目标，进入历史最好发展时期。广州在新时期的文化建设热潮为图书馆的发展创造了机遇。

回顾个人与新馆相关的工作可谓千头万绪，但最主要的，可以总结为两个机遇、三项工作、两件大事。对广州图书馆来说，两个机遇都是历史性的，一是指新馆建成开放，二是指广州市推动地方图书馆立法并进而建设"图书馆之城"。无论组织发展还是个人职业生涯，有无机遇很重要。我很幸运，因为新馆建成开放的机遇，使我有机会推动图书馆在社会功能层面实现转型；因为地方立法和"图书馆之城"建设的机遇，使我有机会参与制度设计，充分发挥作为专业人士的作用，使《广州市公共图书馆条例》成为全国公认最好的地方图书馆立法，又在地方立法保障下推动建立国内领先的公共图书馆服务体系，形成备受关注的"广州模式"。

一、推动新馆转型发展、跨越发展

新馆的转型发展应从新馆建设说起。2004 年新馆建设立项，当时惠德毅、刘洪辉、王永东等各位馆领导努力争取上级支持，确定的建筑选址、体量、功能需求、建筑设计等都为新馆转型发展奠定了物质基础。新馆的区位条件得天独厚，地处新城市中心，有优越的公共交通条件，与众多的公共空间形成共同体，为新馆产生了良好的服务效益和显著的社会影响，发展成为"城市文化地标""城市窗口"创造了条件。新馆的建筑面积达到了 10 万平方米，这是一个新的"能级"，在当时乃至今日世界范围内都可谓首屈一指；因为有超大的体量，所以负责功能需求设计的领导和同事们，把当时掌握或了解到的国内国际图书馆界已经出现的各种新功能全部融合到了新馆功能需求中，并特别强调了开放性和文化休闲要求。因此新馆空间的多元化、开放程度和交流休闲功能在同时代的图书馆中也是独树一帜。在建筑设计方面，国际化的设计团队把握住公共建筑设计的时代潮流，着眼于处理"人与人之间的关系"，在开放的空间设计、自由的空间体验、连续的内外空间设计等理念下，设计出了一个与端庄典雅的传统殿堂式图书馆截然不同的时尚亲民的现代图书馆。

组织编制"十二五"发展规划。如果说新馆建筑是"硬件"，那么"十二五"发展规划就是"软件"。2009 年我与时任馆长刘洪辉在美国交流学习时，看到美国的公共图书馆普遍将制定发展规划作为事业发展指引和科学管理的手段；当时广州图书馆新馆建设已到后期，很多功能设计需要进一步研究细化，同时广州又被赋予国家中心城市的新定位。为实现建设世界一流新图书馆、国家中心城市图书馆的目标，强化科学管理，我向馆里建议编制"十二五"发展规划。建议得到馆里认可，并受当时主持工作的何建平书记委托，具体负责规划的编制工作。该项工作从 2009 年 11 月开始，到 2010 年 10 月，历时 11 个月始告完成。鉴于当时本馆的专业研究力量不足，我建议与中山大学资讯管理学院曹树金教授团队合作研究，形成后来所谓"馆校合作"模式。"十二五"发展规划是一个以新的理念和框架编制的发展规划，以规划管理、战略管理理论为指导，采用国际图书馆界通用体例，广泛吸收了国内国际图书馆界的先进理念与经验，包括指标体系。首次系统研究和明确了广州图书馆的愿景、使命、理念、目标、策略、行动方案和指标体系，可以说标志着科学管理水平的一次提升，也由此开始形成规划引领的管理特色，并奠定了以指标体系为依据的绩效管理的基础。广州图书馆"十二五"发展规划提炼出"连接世界智慧，丰富阅读生活"的愿景和"建设国内一流、国际先进的国家中心城市图书馆"的目标，在使命层提出包含多元文化服务特色在内的系统发展路径。我的体会，规划既明确了新定位，又极大振奋了员工的精神、工作状态。

制定实施新馆专项规划。新馆在编制功能需求的阶段，对功能及其布局有基本设计，但基于不同阶段的工作重心不同，不会非常明确、细致。广州图书馆"十二五"发展规划完成时，正值新馆建设需要确定细化功能需求与布局，以配合弱电、装修、家具设计等项目。2010 年 10 月至 2011 年 3 月，我和王永东、罗小红等同事立即着手组织研究实施新馆专项规划，细化和调整各区域功能，确定馆藏结构、资源配置，形成由基本服务、专题服务、对象服务、交流服务四大功能区域组成的功能布局。其中，在专题服务区域，细分了传统与本土文化、世界多元文化、现代都市文化等三大系列，相应设计了广州人文馆、多元文化馆、语言学习馆、创意设计馆、多媒体鉴赏区等一系列主题空间；在对象服务区，细分了未成年人、视障人士和研究创作群体等服务平台。在制定实施新馆专项规划的过程中，我们很明确地贯彻了"效益优先"的基本原则。当时我们组织不同团队对不同群体与资源的服务情况进行了统计分析，对于服务绩效突出的，优先予以资源保障。其中，如未成年人服务部分，在全市已有专门的少年儿童图书馆的背景下，我们研究确定配置全馆10%的资源，包括空间资源、文献资源、人力资源，用于保障与拓展未成年人服务；优先保障的主题区域包括文学区、休闲生活区、影音资料区、考试资料区等。在新馆资源配置中，我们结合新馆开放的大空间设计，最大限度地保障空间的开放，除个别区域外，不再设置除入口以外的第二道门禁，在约550万册（件）设计馆藏文献量中，有400万册（件）左右，即超过70%可以开架利用，为读者自由利用文献尽可能创造条件。在新馆专项规划明确以后，馆里又于2011年11月至2012年6月组织进行了部门架构、岗位资源配置的调整，于2012年6—12月，组织进行了全馆人员岗位竞聘工作。

明确开放、平等、免费的基本服务政策。新馆开放之前，我们对基本服务政策进行了重新梳理和界定，包括：继续坚持免证入馆，为所有人提供平等服务；为所有人提供注册服务，为本地居民提供长期有效服务，为非本地区居民提供有效期为2个月的服务；开始实行免押金注册，馆内服务除资料复印与打印、餐饮、停车服务以外，全部免费；增加读者证外借文献数量至15册，提高服务的开放度和服务保障水平；利用各种新技术新设备，倡导和推进自助服务，不断提升便利化服务水平。在这一系列政策中，影响最大的是免押金注册，广州图书馆是当时国内率先推行该政策的图书馆之一。推行的主要动机是落实平等服务理念，因为哪怕是押金而不是收费，哪怕是很低额度的押金，对部分公众而言，总意味着一道或高或低的门槛；主要的风险是部分读者借书不还，造成国有资产的损失，未能善尽管理责任；主要的支撑是，公众的个人信用、我国的社会信用体制正在逐步完善，而免押金注册是发达国家公共图书馆较为普遍的做法，我们相信这是一个发展方向。当然，这一政策推出后，为慎重起见，我们也连续四年对读者借书逾期未还的情况进行了跟踪，结果发现其比例为1.26%—1.56%，并呈下降趋势，很好地验证了此前的基本判断。现在回想起来，当时业界也不乏质疑甚至反对的声音，而放到现在再来评估，我们高兴地看到，当前的技术手段已足以解决读者信用问题，免押金注册也已成为图书馆界较为普遍的做法。一系列基本服务政策的实施，使广州图书馆开放、平等的服务理念和相应服务居于全球最先进的图书馆之列，保障广州市民可以享受到最好的图书馆服务。这些政策也发挥了生产力的作用，促使广州图书馆的基本服务效益在图书馆界遥遥领先。其中，如读者注册指标，一直保持在日均 800 人以上，累计注册读者截至 2021 年上半年达到 208 万人；读者注册方式已由到馆注册为主发展为网络注册为主。新馆开放十年来，注册读者外借文献的数量已经从 15 册、20 册提升到当前的 30 册，也是国内公共图书馆服务保障的最高水平。

由文化交流、阅读推广再到知识服务的功能与服务演进。新馆开放时，我给自己提出的目标是有效益、有特色、有影响。新馆全面开放次年即 2014 年，我们的基本服务效益在全国图书馆界跃居第一位，且遥遥领先；多元文化服务形成鲜明特色；大众媒体报道量逐年增加，接待大量国内外同行和各层面领导、嘉宾参观交流，新馆的服务效益激励了许多地方的领导决定建设更大更好的图书馆，新馆的功能设计被吸收借鉴到一系列新建图书馆中。短短几年，广州图书馆呈现出新平台、新格局、新气象。随着探索实践的深入和认知水平的提升，我们推进新馆的功能与服务不断演进，其中有两个主要方向。一是文化服务功能。在制定"十二五"发展规划时，我就深入思考，新馆如何在传统服务基础上，形成新的服务特色？选择有两个，一个是文化服务，一个是知识服务。后者要求有一支专业化水平较高的人才队伍，且形成服务能力、产生服务效益的周期较长，在当时条件下，是门槛较高的一个方向；相对而言，前者对人员要求略低，更重要的是可以利用大量的社会资源，如可以利用广州大量的文化机构与团体的力量、众多的高校与教师资源、丰富的外国领事馆资源、众多的国际友好城市资源等，总体上可行性较高。新馆开放后，为探索实施路径，我和同事们一起到广州知名的地标书店之一——方所，现场体验他们在书店空间举办交流活动的实际情况，观察读者反应。我们在馆内也尝试在不同时段、不同区域举办交流活动，并现场进行读者调查，不断改进服务组织。经过摸索，逐步建立了文化服务模式。当然，在文化服务、文化活动逐步成为图书馆基本服务的过程中，我们也听到有部分读者质疑，认为新图书馆比较"嘈杂"，应该保持安静环境。我反复思考，并跟许多国内外同行交换意见，最终认为，图书馆保持丰富的服务内容和对公众有充分的吸引力还是比单纯保证安静的环境更为重要；当然我也相信，全市图书馆服务体系逐步完善之后，读者会随之分流，这一问题也将会逐步得到缓解。实践证明，我们当初的选择是对的。文化服务或大量的文化交流活动不仅丰富了图书馆的服务内容、资源，而且因为大量具有传播动机和能力的社会主体的参与，众多的话题、嘉宾又具有了传播价值，换言之，文化活动不仅具有公共服务价值，而且具有公共传播价值。这对一个新馆迅速提升服务效益、提高社会影响力是一条切实可行的路径。在拓展文化服务的过程中，我也特别关注一个问题，即新的文化服务与传统图书馆服务能否形成有机整体，发挥互相促进的作用，而不是"两张皮"。针对这一问题，我和同事们选择了一个指标——"人书比"，即进馆人数与外借文献册次的比例——来进行观察。我通过此前对美国公共图书馆的研究发现，二者长期大体是 1∶1 的关系，广州图书馆开始时也大体相当，后来逐步出现了后者高于前者的结果，而同期我国公共图书馆总体上则呈现出相反的结果。由此可以作出基本判断，即广州图书馆在拓展新功能新服务的同时也有效地促进了传统服务，新旧服务结合成了有机整体。以同样的视野观察实体服务与数字网络服务的关系，其结果也大体如此。新馆经过最初几年的运行，多样化服务架构取得显著效益，也得到广泛社会认同。与此同时，从专业的角度，我在思考一个新的问题：相对于图书馆传统的以文献服务为主体的理论框架，文化服务缺乏理论基础。这一时期，恰逢上海图书馆吴建中馆长在国内图书馆界引介美国社会学家雷·奥登伯格的"第三空间"理论，杭州图书馆褚树青馆长在大力倡导"第三文化空间"理念。经过对相关社会学理论的研究，我也认同，社会公共空间理论可以作为公共图书馆转型发展的新的理论基础。当然，与发达国家比较，我们推动的转型发展更多的是主动转型，而非互联网迅速在公众生活中占据显著位置后的被迫转型。至此，就个人而言，我完成了图书馆文化服务功能从实践探索到理论认知的过程，就广州图书馆而言，我们完成了文化服务作为图书馆基本服务的内化过程。2015 年编制的广州图书馆"十三五"发展规划再次强调了"多元文化窗口"的使命，同时基于在实践中感受到的明确而强烈的社会需求，我们把图书馆在社会交流中的作用再往前推进一步，提出"公共交流平台"的新使命，即要参与、承担更多更广泛意义上的社会交流活动，为公众和其他各种主体的社会参与提供更多的机会。

同一时期，中央政府将"全民阅读"作为国家战略持续推动，中国图书馆学会阅读推广委员会也做了大量卓有成效的工作，使阅读推广在实践层面日益成为公共图书馆的基本服务。广州图书馆开展了越来越多的阅读推广活动，并有意识地逐步将阅读推广活动与文化交流活动区别开来。在广州图书馆公共服务的逻辑架构中，阅读推广成为传统文献服务与新型文化服务的中间一环。

"十四五"时期，中国倡导高质量发展，广州图书馆此时已建立多样化服务和体系化服务框架，并明确了将基本服务全面转向细分群体、主题服务以提升专业化服务水平的思路——在此基础上，进一步提升服务无疑就进入了知识服务的层次。到目前为止，知识服务可以理解为公共图书馆公共服务中专业性最强的服务，达到这一层次服务，需要有专业化人才、知识层次资源及相应技术支持等条件。应该说，当前的广州图书馆具备了一定的条件，因此我们选择地方文献与地方历史文化领域进行重点探索。随着广州图书馆"十四五"发展规划的研究制定，广州图书馆在公共服务领域即横向上，基本完成了从文献服务到阅读推广活动，再到文化交流，再到公共交流活动的逻辑演进过程，形成逻辑连续、有机衔接的同心圆服务架构；在服务层次即纵向上，提出了知识服务的新方向，明确了服务提升的新要求，当然，这一新方向需要较长时间的努力才能实现。

广州图书馆"十四五"发展规划设计并推动了一系列相关

工作，包括：第一，建立以"人"为中心的业务流程。在社会公共空间的理论框架下，公共图书馆服务的逻辑起点从"文献"转移到了"人"，即围绕人的知识、信息、文化需求展开，而相应提供文献、信息、展览、讲座、报告、"真人书"等服务。因此，图书馆的业务流程需要从文献的采、分、编、服务，调整为界定服务对象、明确服务需求、组织服务资源、界定服务主体、寻求合作伙伴等新的流程。第二，推动线上线下服务的融合。线上服务从作为传统服务的延伸，到逐步具备独立的服务主体地位，再到强调与线下服务融合，实际上是与"人"生活于其中的场景融合，使线上线下服务都成为为人服务、与人的生活习惯密切相关的基本服务样态。第三，推动服务模式的调整。传统图书馆服务模式可以概括为分层次服务模式，基本的服务组织是文献流通服务、一般咨询服务、信息参考服务等。新的服务组织则是分众、分主题的细分服务，在所有公众中分出一般公众、未成年人、老年人、残障人士、外来务工人员等不同群体，然后设计提供全面的服务或若干个服务项目；在人类知识体系中分出不同的主题，尤其是识别出公众需求比较集中的主题，如对一般公众而言，文学、艺术、科学普及是需求最大的领域。而在服务的纵向上，在同一个对象或主题服务平台上，将由分层次服务调整为立体化服务，如从单纯的文献流通服务调整为文献流通、信息咨询、阅读推广、文化交流等多层次服务。

新馆建成开放十年来，在政府支持和自身努力下，广州图书馆进入了良性发展轨道，不断实现新的跨越。在社会功能方面，2013年广州（国际）纪录片节落户广州图书馆；2014年市委外宣办在广州图书馆设立"广州之窗"城市形象推广厅；2015年设立广州大典研究中心与广州图书馆合署办公，为广州图书馆推进知识服务、研究层次服务提供了新的机遇；2018年纪录片研究展示中心对外开放服务，这是全国第一个纪录片公共服务平台，为图书馆开辟了全新的服务领域。事业经费投入大幅增加，从2012年的8700多万元增加到高峰时的2.5亿元，其中购书经费从3000万元增加到高峰时的5900万元；实体馆藏从2012年的526万册到2019年突破1000万册；人员编制从275人增加到354人，在职人员从230多人增加到330多人，并配置辅助服务人员140多人。广州图书馆新馆迅速发展成为社会公认的"城市文化地标"和"城市窗口"，也成为新时代中国发展最快、最具代表性的公共图书馆之一。

二、参与制定最好的地方图书馆立法

《广州市公共图书馆条例》（以下简称《条例》）的制定实施是广州市图书馆发展史上的大事，它将图书馆事业发展纳入了法制保障的轨道，可以不再因人、因时而易。我很幸运，参与了整个立法过程，并且是唯一一个全程参与的人。《条例》的正式立法进程是2012—2015年，但立法工作实际上则始于2006年。当时的基本背景是，时任市委常委、宣传部长陈建华全力推动广州市文化建设，包括2004年推动广州图书馆新馆立项，这是当时广州市文化设施建设的第一个项目；2005 年支持全市公共图书馆文献公益采购，强化文献资源保障，2006、2007 年举办两期广州市图书馆专业人才高级研修班，强化人才队伍建设。2006 年 5 月陈建华在中山大学参加第一期研修班活动时，程焕文教授建言，要将领导的文化自觉转变为政府意志，建议推进地方图书馆立法；陈建华当即决定以委托市重点规划科研课题方式请程焕文教授牵头进行研究，起草地方立法草案。我清楚地记得，陈建华当时说当代公民最大的贫困是权利的贫困，立法应以保障公民文化权益为宗旨。程焕文教授组建了课题组，刘洪辉馆长和我代表广州图书馆参与了该研究团队。在各方重视和热忱推动下，短短三个多月时间课题组就拿出了地方立法草案，核心内容包括：立法宗旨、事业发展理念是要保障公民文化权益；政府保障责任具体化、量化，提出馆舍、馆藏、年新增藏量、人力资源投入四个指标，在市、区、乡镇（街道）、村（社区）四个层面都作出相应规定；以服务人口为服务保障对象，以人均指标为保障基数；专门制定了关于读者权利的条款等。这也可谓第一轮立法的主要成果。草案无论在理念还是技术层面都体现出先进性，如立法需要解决的最实质的政府保障问题，理论上的保障方式有像国家关于财政性教育经费投入不低于 GDP 的 4% 的直接规定方式，也有高于政府财政收入增长率的原则性规定方式，最后选择的是原则规定加间接规定要素投入指标、标准方式，未提经费投入，但处处都需要投入；如规定人均市级公共图书馆建筑面积为 0.01 平方米，不到一个"立足之地"，以有利于争取各方支持等。其中广泛吸收了全国相关专家的意见，包括地方立法可以先于国家立法，李国新教授建议的政府保障预算化、预算项目化等。立法草案形成后，陈建华亲自参与研讨，带队到市人大等进行沟通，促使市人大将图书馆立法纳入 2007 年立法计划预备项目。当时陈建华接受媒体采访时曾表示，这是他"任期内唯一亲自出马不遗余力推动的立法工作"。2007 年，陈建华调任河源市委书记，图书馆立法失去了最有力的推动者。2008 年市人大组织到香港等地进行专题调研，但项目最后还是搁置了下来。在第一轮立法中，刘洪辉馆长和我组织广州图书馆相关部门对全市公共图书馆的基本情况进行了全面调研，并基于国际图联和发达国家公共图书馆通行标准提出了广州市公共图书馆的政府保障标准。

2011 年底，陈建华调回广州任市长，上任伊始，即继续系统推进图书馆事业发展，2012 年 3 月重新启动图书馆立法，2012 年 4 月代表市政府明确提出建设"图书馆之城"的目标。第二轮立法，明确市文广新局作为立法主体，并纳入市人大正式立法计划。局里随即成立了由陆志强局长、陈春盛副局长等牵头，由政策法规处、社会文化处、广州图书馆和广州少年儿童图书馆等相关处室、单位人员组成的立法团队，我和雷华、陈丽纳作为广州图书馆的代表进入工作团队，同时邀请程焕文、刘洪辉、潘燕桃等人组成专家小组。第二轮立法基本吸收了第一轮立法的成果，但在以下几方面进行了调整：法律调整范围由图书馆调整为公共图书馆；图书馆建设和服务保障目标由全市居（村委会）层次调整至乡镇（街道）层次，对村（社区）层次只有原则性规定而不作硬性要求；政府保障量化标准由层层规定调整为分市区两级规定，并对具体保障标准进行了调整；图书馆建设体制由一级政府建设一级图书馆调整为各区范围内公共图书馆统一由区政府负责。在第二轮立法过程中，我和图书馆团队发挥的作用主要体现在：建议公共图书馆服务保障目标设定到乡镇（街道）一级，这是基于个人对美国图书馆事业发展和我国深圳等地区建设"图书馆之城"的实践得出的研究结论；在立法涉及主管局、法制办、市人大教科文卫委和法工委等的多个阶段、近百道程序中，我几乎参与了每一道程序，与市文广新局立法团队同事向有关各方陈述各立法条款的理由，争取各相关方的理解和支持，尤其是确保四项政府保障量化标准一直保留在条例中，当时我非常清楚，如果不是有专人跟紧立法进程，条例中的实质性条款在任何一个环节都有可能被要求去除。在这个过程中，我想自己主要发挥了一个坚决的捍卫者、宣传者和争取者的作用。在第二轮立法中，市文广新局立法团队发挥了核心作用，局政策法规处彭小群处长目标明确，总体上一直支持图书馆的立场和意见，其中在人大审议、争取提升人员配备标准等问题上发挥了主要作用；市法制办为立法提出了很多切实可行的建议；在征求专家意见过程中，深圳张岩馆长等建议条例强化体系化规定，促成我们将区以下保障标准由区、乡镇（街道）分层规定改为区域范围内作整体规定；在各区图书馆总分馆建设体制上，市人大法工委发挥了核心作用，法工委建议并坚持区域范围内公共图书馆总分馆统一由区政府负责建设而非由区、乡镇（街道）政府分级负责，推动建设体制实现创新。当然，最重要的支持来自陈建华市长。首先，没有市领导支持，公共图书馆条例难以顺利纳入立法计划。市人大每年只有 10—12 项立法计划，几乎每一个项目都关系许多重大利益，因此对立法资源的竞争很激烈。其次，如果没有陈市长明确表态支持，政府保障量化标准的相关条款很难出现在立法中，或在立法过程中很难一直保留下来。陈市长还在多个场合对公共图书馆立法、对全市图书馆体系建设表示支持。如立法开始时就有一些领导提出质疑，问在网络时代还有没有必要建设那么多实体图书馆，陈市长答复并在多个场合宣传，请大家都到广州图书馆新馆看一看，眼见为实，亲身了解、体会一下市民需求。市政府常务会议审议《条例》草案时，我在会议现场，本来我和局处领导预备要回答来自其他政府部门的疑问，但陈市长直接发表意见，说根据测算全市建设图书馆体系大概需要投入 21 亿元，相当于建设几千米的高速公路或隧道，试问广州市这些年建了多少高速公路和隧道？投入这点钱不算多。于是，审议无异议通过。再如在人大审议《条例》草案阶段，我意识到，草案中对各区范围内图书馆体系建设标准的统一规定，有可能造成漏洞，即可能出现区级图书馆巨大但乡镇（街道）图书馆规模很小的情况，从而达不到服务均等化的目的，为堵塞漏洞，我们建议增加一个兜底条款，即规定乡镇（街道）图书馆最小建筑面积不得小于 500 平方米。这一建议以广州市图书馆学会的名义同时提交给市人大和市领导，也得到市领导明确批示支持。虽最终该条款在审议时未被采纳，但市领导的支持态度和力度可见一斑。

《条例》于 2014 年 10 月 29 日由市人大审议通过，2015 年 1 月 13 日经省人大批准，1 月 22 日由市人大公布，自 5 月 1 日起施行。纵观《条例》的整个立法进程，前后历时十年，也可谓是"十年磨一剑"。《条例》正式颁布实施后，得到各方高度评价，被公认为是全国最好的公共图书馆立法和制度设计，相关内容也被吸收到了 2018 年开始实施的《中华人民共和国公共图书馆法》中，对国家立法作出了贡献。《条例》的先进之处可以简要概括为：理念先进；政府主体责任明确；目标先进且可行；量化政府保障标准且以国际化高标准为主；符合中国国情的城市中心馆总分馆服务体系及其管理体制设计；区级图书馆总分馆体系建设体制创新等。与其他地方立法包括 2015 年以后的地方立法相比，《条例》最重要的是对政府保障标准作出了量化规定。广州市公共图书馆事业的发展有了科学的制度设计和坚强的法制保障。当然，我们立法团队的同事们都清楚，《条例》留下了两个遗憾。除前述乡镇（街道）图书馆最低面积标准未获规定外，还有一个是人力资源保障标准偏低。立法严格要求有上位法和政策依据支撑，其中馆舍建筑面积的主要依据是《公共图书馆建设标准》（建标 108-2008），该标准经测算大体相当或略高于国际图联曾经用过的推荐标准；人均藏书、年人均新增藏量无国内标准作为依据，故建议采用国际图联和发达国家的通行标准，主要参考了国际图联《公共图书馆标准》（1973）、国际图联与联合国教科文组织（UNESCO）《公共图书馆服务发展指南（中文版）》（2002）；人力资源投入标准的依据为《公共图书馆服务规范》（GB/T 28220—2011），但该规定总体上是基于当时我国县（区）级以上层次才有公共图书馆的现状制定的，因此与其他三项标准相比是明显的短板，但从立法技术上讲，这个短板无法避免，因此只能留待以后以其他方式解决。

图书馆立法完成前一年，我向市文广新局提出建议，为配合《条例》的颁布实施，对《条例》进行专业的解读，以利于广州市从业人员理解落实，同时利于向外部进行宣传。该项工作由市文广新局委托给中山大学资讯管理学院潘燕桃教授牵头负责，我和陈丽纳、陈深贵等立法工作团队的同事参与其中，2015年该项目顺利完成，解读成果以专著形式出版，主要论文在《图书馆论坛》设专栏发表。此后，我和同事们组织了展览、培训等一系列宣传推广工作。2015年，利用中国图书馆年会在广州市召开的机会，广州图书馆和市图书馆学会合作组织全国图书馆立法研讨会进行学术交流。

三、建立国内领先的公共图书馆服务体系

2015年5月1日起，《广州市公共图书馆条例》正式实施。《条例》规定，广州图书馆作为法定的全市公共图书馆的中心馆，应当履行五方面职责：负责全市公共图书馆业务的指导和

协调；负责制定和组织实施全市公共图书馆统一的业务标准和服务规范；负责统筹全市公共图书馆通借通还服务网络、信息化管理系统和数字图书馆建设；负责组织全市公共图书馆工作人员专业化培训工作；开展图书馆领域的国内外交流与合作。为落实中心馆职责，我推动了以下工作：

设立专职部门。依据《条例》，我们很快向市编办提出申请，在广州图书馆职责上增加全市中心馆的内容，增设中心图书馆办公室作为负责全市体系建设的内设专职部门。在申请获批后，馆内随即组建了部门，由陈深贵负责，陈丽纳、李少鹏等长期参与立法和馆外延伸服务的同事加入团队，同时也明确由采编中心、技术部、网络服务部等部门参与建立全市相关工作的统筹协调机制。

完善配套制度，体现效能导向。2015 年以来出台的与《条例》配套的制度有 11 项，从制度设计的层面看，其中最重要的有：2015 年的《广州市"图书馆之城"建设规划（2015—2020）》，其中规定了乡镇（街道）图书馆的最低建筑面积，弥补了《条例》的漏洞，有效保障了分馆具有一定的物理空间以承载相应功能。2017 年的《广州市公共图书馆第三方评估管理办法》，为督促各区落实基层分馆建设的主体责任提出更为具体细化的标准和评估机制。2018 年的《关于全面推进我市公共图书馆总分馆制建设的实施意见》，提出了"图书馆之城"建设的五项效能指标，包括人均接待访问量、外借文献量、注册读者量、利用数字信息资源量、参加图书馆活动人次占常住人口比重。当时考虑，目标值总体上相当于香港、新加坡等城市的图书馆体系 30% 左右的水平。该意见也提出了人力资源保障的提升标准。2019 年的《广州市公共图书馆与社会力量合建分馆工作指引》，为鼓励社会主体参与，规范政府、图书馆与社会合作提供了基本依据。经过五年发展，广州市公共图书馆体系建设的制度设计基本完成。

持续提升标准化、均等化服务水平。服务体系建设的最终目标是要提升服务水平，提供与政府保障水平相当的服务水平，提升服务效能，切实发挥体系尤其是基层分馆的作用，让市民对全市"图书馆之城"建设有获得感。除了总体上推进提升全市服务体系效能以外，我们还重点推进全市免押金注册和逐步提升读者证外借文献量两项基本服务政策。2015 年全市各图书馆即全部实现免押金注册；读者证外借文献量由 2016 年统一提升到 15 册，2019 年提升到 20 册，到 2020 年再提升到 30 册。这些基本服务政策在全市范围内的实施，是提升服务保障水平的直接体现也是最重要的体现。同时，进一步完善服务业态，提升服务覆盖率。2016 年全市统一的数字图书馆服务平台上线，2020 年利用微信小程序、人脸识别、手机定位等技术，使数字网络服务打破所有时空界限覆盖到身在广州的每一个人，实现即时注册即时服务；2018 年启动"送书上门"服务，突破传统路径依赖，由传统体系覆盖到社区，进一步实现新的服务业态覆盖到每一个人。

建立示范体系。广州图书馆自 1987 年起即以汽车图书馆方式、1990 年起以联合图书馆模式拓展馆外延伸服务，高峰时期建立的馆外服务点达到 50 多个。2015 年立法以后，我们将馆外延伸服务体系逐步调整为示范图书馆体系，即为各区街道（乡镇）分馆建设、各区总分馆体系运作建立示范。几年来，逐步规范其示范作用：要有较高的服务效能，建设的分馆需要在社区中发挥实质作用；而要取得服务效能，首先要满足开放服务、免费服务的条件，有科学合理的选址，界定清晰明确的服务范围、服务对象，预估合理的效能目标；建设标准的示范，即落实条例与配套制度规定的标准，包括空间面积、功能空间与布局、文献信息资源配置，与第三方合作设立的，合作期一般不少于 5 年，以保证政府与图书馆方投入的基本绩效；总分馆服务与管理体系的专业化运作，其中包括更高频率的通借通还服务，规范的文献资源新增与更新配置，统一开展人力资源培训，2019 年开始统筹与联动组织读者活动、统一配置专业人员或业务馆长等工作。接下来，拟将志愿者服务、社会公益阅读活动等进一步引入示范体系。示范作用体现在创新服务功能和专业化文献信息资源、人力资源配置以及服务效能、水平提升等各方面，总体上，争取服务与管理各方面在全市各区的总分馆体系建设中发挥引领作用。目前示范体系中有分馆、服务点、自助图书馆、汽车图书馆、送书上门等各种服务业态，各种服务的数量与一个区级总分馆服务体系的体量大体相当。

支持各区建设。在体系建设过程中，由于各区发展不平衡的状况实际存在并将长期存在，因此除市主管局对各区予以购书经费、部分场馆建设经费等支持外，广州图书馆通过支持文献信息资源等方式为各区提供支持，几年来支持各区建设的总分馆超过 90 个，投入的纸质信息资源超过 130 万册。

完善专业支撑与争取各界支持。专业支撑主要体现在以下方面：负责全市通借通还体系、数字图书馆统一服务平台、信息化管理系统（包括信息管理与发布系统）建设，提供技术支持和数字资源与网络服务保障，2018 年尝试全市部分图书馆开展中文图书联合采购，以及对各项业务数据进行专业、规范的统计分析，编制年度报告，推动信息公开，推进与各区政府及其文化主管部门、新闻媒体、合作主体、志愿者以及社会各界的良性互动以最终争取各方支持等。其中，从 2016 年起，我即推动广州图书馆编制"图书馆之城"建设年度报告并逐年完善体例与内容，作为中心馆履行专业管理职责、推动信息公开、争取各方支持的主要手段，取得了显著效果。围绕年报编发，我们形成了基本工作机制，每年于 4 月"广州读书月"期间、尽量靠近 4 月 23 日"世界读书日"时，召开年报发布会，邀请媒体参与宣传报道；每年与国内若干地区图书馆及图书馆体系建立年报交换关系；2017 年为更好促进各区政府更加重视履行保障职责，接受刘平清副馆长这位曾经的资深媒体人的意见，委托中山大学资讯管理学院聂勇浩副教授编制全市及各区"图书馆之城"建设指数模型，以后每年发布指数并对各区进行排名；2018 年《广州市"图书馆之城"建设年度报告》正式出版，成为全国第一份正式出版的"图书馆之城"建设年报，在业界引起较强反响；2019 年为更规范专业地收集数据，我进一步推进编制季报。总之，《广州市"图书馆之城"建设年度报告》已成为评估广州市公共图书馆体系建设与发展水平的一个最为重要的媒介。

发展成效显著，基本实现第一阶段目标。2015 年以来，在《条例》强有力的制度保障下，在市文广旅局和各区政府的重视支持下，《条例》与配套制度规定的体系建设任务基本完成，全市面向公众免费开放、实现通借通还的公共图书馆（分馆）到目前达到 312 个，覆盖全市所有 176 个乡镇（街道），体系覆盖率与香港公共图书馆体系达到相同水平；建设投入与服务效能产出，2015 年与 2020 年比较，总体增长都在一倍以上，人均投入与服务效能指标值为全国平均水平的 2—6 倍，人均文献外借量作为最核心的服务效能指标在全国一线城市中居首位。如果没有 2020 年的新冠疫情影响，总体上将全面完成《条例》和配套制度规定的目标。

明确新时期发展思路。目前广州图书馆在"十四五"规划中已明确新时期的工作重点，我和同事们并正配合市文广旅局制定广州市"图书馆之城"建设"十四五"规划。其中最主要的思路和目标是，工作重点由体系建设转为体系服务，提升效能，发挥作用；效能目标争取实现倍增，总体水平达到国际上发达城市图书馆体系的 70% 左右；发展路径主要是推动基层分馆在社会功能、服务结构、资源配置、人才队伍等方面进行专业化改造和提升，推动全市和各区中心馆、总分馆管理运行体制机制逐步完善。

五年来的"图书馆之城"建设，同样得到了全市上下、各层面各方面的全力支持。包括市政府专门召开《广州市公共图书馆条例》实施工作会议，王东副市长主持，陈建华市长亲自动员；市、各区政府按《条例》规定落实经费、馆舍、人员等保障责任；市政府拿出一个多亿的专项经费用于支持各区馆舍建设和文献资源建设，并每年由市财政设专项予以支持；市人大以要求政府专项报告、人大代表视察、人大执法检查等多种形式推进《条例》贯彻落实；市文广旅局发挥主要协调者作用，全力推进配套制度、补助经费、人才培养等各项目落实；各区政府及区局、各图书馆也各自发挥主体作用等。相信在全市上下、有关各方、社会各界共同努力下，广州市"图书馆之城"将在"十四五"期间，在全国率先实现标准化、均等化服务。

四、三点体会

正值四秩芳华的广州图书馆，在我国同级图书馆中算是年轻的了，然而所取得的成绩和发展速度也正是中国改革开放事业在图书馆领域的一个缩影。回顾近十年来的工作，我还有以下三方面的体会：

广州图书馆的发展具有普遍且广泛的意义。广州图书馆新馆建成开放将近十年，从结果即服务效益和发挥作用、社会认同来评价，无论建设还是服务都是非常成功的，而它的成功不仅体现在自身的超越发展上，更重要的是，在我们这个时代，新馆的开放服务成功回答了两个问题：一是在网络时代公共图书馆同样可以大有作为，同样可以充满生机活力；二是在中国的现代化建设进程中，在社会转型发展的时代，公共图书馆服务体系建设充分顺应了公众日趋高涨的文化需求，体系建设作为新时代实现平等服务、满足公众对美好生活需要的重要路径需要以更大力度加以推进。广州市公共图书馆立法之所以成功，从结果看，最主要的就是以量化政府保障标准的方式，明确和落实了政府保障的主体责任。这也可以充分验证在公共图书馆服务体系建设中政府主导的重要性和有效性。广州市"图书馆之城"建设之所以能取得显著效果，最重要的原因是坚持建设与服务并重，以需求和服务为导向，在建设过程中充分考虑社会需求，在服务过程中充分满足社会需求，为体系的持续建设与发展创造良好的社会环境。对广州这座城市而言，广州图书馆新馆及"图书馆之城"也充分发挥了一个建设者的作用，共同参与塑造了一座现代化大都市的文化形态。40年前广州图书馆系改革开放以后广州市第一座新建的文化设施，20年后，广州图书馆新馆又成为21世纪广州市文化建设高潮中的第一座文化设施，而且新馆正处在新城市中轴线和古老珠江即历史与现代的交汇点上，这些巧合标示着公共图书馆在地方公共文化事业中的基础性地位和中心地位。

我们有幸身处一个大时代、大舞台，这造就了广州图书馆的机遇和发展。我是一个幸运的馆长，我和同事们是幸运的图书馆员。有无数的人对我说，你很幸运。是的，我很幸运。对中国的同行而言，广州市将近 20 年间有非常重视文化事业、重视公共图书馆事业的市委、市政府，成就了一个文化建设的高潮时期，为广州图书馆的发展提供了两个历史性的机遇；对外国的同行而言，他们看到的是广州图书馆有如此得天独厚的区位条件和如此强烈的公众需求，这成就了我们突出的服务效益。的确，我们的幸运、广州图书馆的发展首先直接源于市委、市政府的高度重视，其中陈建华等市领导尤其发挥了主要推动者的作用。陈建华历任广州市委常委、宣传部部长，广州市委副书记、市长，广州市人大常委会主任等职。自 2002 年开始即大力推进广州市文化事业进入历史上建设项目最多、发展最快、成就最为突出的时期，后有"文化市长"之美誉。其中系统规划、全力推动的广州市公共图书馆事业，成为文化建设成果最为丰硕的领域之一。2015 年，陈建华应邀在中国图书馆年会上发表主旨演讲，在全国图书馆界引发强烈反响。陈建华是地方党委、政府以保障公民文化权利的先进理念、高度的文化自觉，高度重视、大力支持、强力推进公共图书馆事业并取得突出成就的典范。除前面述及的项目外，陈建华直接参与推动的项目还有：支持新馆建设立项、选址、筹措经费；2013 年从市长基金中拿出 2500 万元支持新馆资源建设，并协调市委宣传部每年从"两金"中安排不少于 10% 的资金用于添置图书馆图书；2018 年支持设立中华古籍与民国文献影印出版物采购专项；2019 年协调市政府原文史研究馆馆藏移藏广州图书馆；组织《广州大典》编纂及设立广州大典研究中心；支持设立广州国际纪录片节，并支持在广州图书馆设立广州纪录片研究展示中心；支持广州市举办中国图书馆年会；支持新建广州科技图书馆等。正是陈建华等领导的高度重视和支持，为广州市图书馆事业的快速发展、跨越式发展提供了历史性的机遇。其次，我们正身处一个公众对知识、信息与文化需求"勃发"的时代，能够让我们相对较好的设施都能充分发挥作用，让领导与政府各部门、社会各界都能耳闻目睹公众的需求，让公共图书馆及其体系的发展具有良好的社会环境。最后，更深层次的原因则是改革开放的大时代为这座城市的发展创造了雄厚的物质基础；中国改革开放事业的持续深化，从以经济建设为中心到推动"五位一体"、全面发展等政策引领，多种因素引发政府领导和社会各界思想观念的转变；以及相对宽松的社会环境及对创新服务与管理的鼓励——这些可说是广州公共图书馆迅速发展的时代必然性和内在逻辑。当然，也因为身处广州这个大都市和广州图书馆这个大平台，让我们图书馆事业的影响力可以传播得更广泛、更深远。身处这样的时代、这样的城市、这样的图书馆，作为图书馆员，我们职业的社会价值充分彰显，作为馆长，我也有充分施展的舞台。

图书馆人的职业理想和专业坚守是广州图书馆发展的内在条件。我们有一支热忱、奉献、协作、务实、专业的图书馆人队伍。图书馆职业本身具有强烈的理想主义色彩，尤其是处在改革开放的时代。图书馆行业也是一个服务性行业，唯有踏实工作，日积月累，才能形成良好口碑。广州图书馆初创时，我们的队伍还谈不上专业，但我们的前辈们热忱、奉献、开拓进取，始终秉持开放办馆的管理理念和"一切为了读者"的服务理念，故多有创新又顺应公众需求之举。开放办馆、服务立馆以及馆员队伍的团结协作、务实服务一直是广州图书馆的优良传统和文化基因，我很高兴，我们一直在传承。在新的发展时期，随着馆员素质的提高，以专业化服务与管理推动发展成为新的特点。对事业发展来说，抓住机遇比解决问题重要，但当机遇来临时能否抓得住，则是另一回事。对广州图书馆而言，新时期的发展固然首先得益于城市文化建设提供的历史性机遇，但也正因为有一支热忱奉献、开拓进取又日趋专业化的队伍，才使我们能够抓住机遇，充分地利用机遇促成跨越式发展；正因为有一支专业化的队伍，才使我们可以通过科学研究和专业实践不断提升我们的认识水平和服务水平，使我们的发展可以领先一步，走到行业发展的前列；正因为有一支专业化的队伍，才使我们可以守正创新，在继承传统时态度鲜明、一以贯之，在推动创新时大胆开拓、理性务实，在面对质疑时从容淡定、进退有据。如果说规划引领发展是广州图书馆发展的新特色，那么热忱、奉献、协作、务实、专业的馆员队伍就是广州图书馆发展的基石。当然，我们的发展还得到了职业共同体的强有力支持。广东图书馆事业在改革开放以后形成了比较强的专业力量，包括中山大学、华南师范大学等领先的图书馆学教育科研机构，区域图书馆事业的"领头羊"——广东省立中山图书馆，以及深圳、东莞、佛山、中山等地当代发展较好的城市图书馆等，这些机构及其汇聚的一批名家、专家、馆长、骨干，同声相应，同气相求，互相激励，共同进步。我们还通过组织高频度的学术交流，开拓专业视野，最大限度地吸收来自国内外图书馆界的最新理念和经验。

2019 年 7 月 19 日，国际图联当选主席克里斯蒂娜·麦肯齐（Christine Mackenzie）女士应邀来馆作题为《国际图联〈全球愿景〉规划：创建强大团结的图书馆界为社会文明增添力量》的学术报告并参访。馆内参观结束后，我和程焕文老师陪同麦肯齐女士来到图书馆天台的观景平台，我介绍图书馆所处区位后说，"广州图书馆是这座城市的中心（center）"，麦肯齐女士和程焕文老师立即纠正我，"不，是城市的心脏（heart）!"——我的理解，这既是肯定，也是祝福！

感谢一直以来所有关心、支持、参与广州图书馆发展的领导、前辈、同事、同行、合作伙伴、社会各界人士和广大读者！祝愿广州图书馆事业长青！

新馆全面开放致辞^①

尊敬的陈建华市长、各位领导、各位嘉宾、各位读者朋友：

大家好！

今天，我和我的同事怀着无比喜悦的心情与大家共同见证广州图书馆新馆的全面开放。在这里，首先请允许我代表广州图书馆向各位领导、嘉宾表示热烈的欢迎和衷心的感谢！

我们的喜悦来自两个方面。一是新馆从 2006 年奠基，到今天全面开放，在无数建设者、支持者、合作者的共同努力，社会的广泛关注，众多领导的关心和图书馆员的辛勤劳动下，结出了丰硕的果实，在美丽的珠江边给公众呈现出一座独具建筑特色的现代化公共图书馆，并跻身世界上面积最大的城市公共图书馆行列。二是新馆自 2012 年 12 月 28 日部分开放以来，深受市民欢迎，初步服务效益非常喜人，截至 6 月 16 日，不到半

---

① 本文为 2013 年 6 月 23 日广州图书馆新馆全面开放、开放月启动活动时致辞稿。

年时间，共有 135 万市民走进新馆，23 万市民注册成为新馆读者，223 万册（件）书刊文献被外借，即平均每天 9053 人入馆、1553 位市民注册、1.5 万册图书被外借。在新馆，我们非常欣喜地看到羊城书香弥漫，感受到市民强烈的阅读、学习需求，也强烈地感受到广州市建设"图书馆之城"的迫切需要和美好前景。回顾过去，让我们充满感激之情，展望未来，让我们对做好公众服务充满信心。

新馆作为城市文化的新地标、文化服务的新窗口、"图书馆之城"建设的领头羊，在这里，我要代表全体馆员向社会承诺：广州图书馆将以读者为本，努力为公众提供更好的环境、更丰富的资源、更便捷的服务，努力提高服务绩效，办出服务效益、特色和影响，为广州市提升公共文化服务、培育世界文化名城作出贡献。

鸢飞鱼跃①

——关于个人、城市与图书馆的随想

　　在准备迎接广州图书馆 30 周年馆庆的这一段时间，我试图让总是匆忙的脚步和思绪都停下来、慢下来，好好想一想，想想自己，想想图书馆，想想这座城市，描摹一下它们的足迹和未来。当我的目光与思索的对象逐渐拉开距离的时候，我发现了三者之间的共同点——"鸢飞鱼跃"。我想，这个词既可描绘三者当前在各自旅程中所处的状态，也可用作对三者未来的共同祝福：

　　2007 年，利用在福建参加中图学会年会的机会，我参观了

---

① 本文为 2012 年庆祝建馆 30 周年作，选自《偕行：广州图书馆 30 年纪念文集（1982—2012）》。

"武夷精舍"——南宋著名理学家朱熹亲自营建、讲学八年并于此撰著代表作《四书集注》的书院。朱熹籍贯徽州府婺源县，虽长期生活在福建，按中国传统则是徽州人，先生自己亦喜用一方"新安朱熹"印章钤其法书作品。我一直把朱熹奉作老家徽州的"乡前贤"，因此参观时更带着十分景仰之心。在这座于近年重修复建的书院内，慢慢走着看着，浏览着朱子生平展览，当看到朱子在师从李侗，实现"逃禅归儒"，走上思想、学术转折点时手书"鸢飞鱼跃"四字，以抒发其当时极为欣悦的心情时，不觉怦然心动。当时我在新岗位上的时间还不长，但与领导、同事关系极为融洽，馆里给的业务空间也比较大，不时感觉可以一展怀抱。"鸢飞鱼跃"颇可况类彼时心境，故心甚喜之。离开书院的时候选购了多张朱子手书碑拓，其中就有"鸢飞鱼跃"四字。后居家闲坐时，不时展玩。忽忽几年，年龄到了四字头，不惑之年，立身行事为之一变；工作上亦算有所作为，所负责的几个项目，有可圈点之处；美国之行，眼界既开，学术研究亦获精进，交接进退，渐至裕如；余暇以读书为乐，又好作遐思，间有小得。于个人而言，人生确乎处在一个新阶段、进入了一个新境界。当然，仔细思考，几年间能有一些收获和不同的感悟，最重要的还是图书馆提供了机会。一干二十年，不曾去半步，作为一个差不多是以馆为家的人，个人的成长哪能与图书馆的发展离得开呢？

　　2010 年，在广州亚运会开幕式的电视直播画面上，广州塔在世人眼中展现着婀娜多姿，而我也第一次在心中有了强烈的感受：广州变美了。此后，多次陪同行到新图书馆参观，每每进入珠江新城、花城广场这片区域，心中都不禁感叹这座城市有了现代化大都市的感觉，广州变得有气质了。广州塔这类地标建筑，天河这类代表性地区，在城市形象、品位的营造、提升和传递中发挥了突出的作用。广州的城市建筑已经超出实用功能的阶段，到了满足人们审美需求的新层次。我想，广州的城市个性也从务实到追求气质，进入了一个新境界。我算是广州的"新客家人"，已经在这里读书、生活、工作了 23 年，在这里成家立业，有许许多多关心、爱护我和我家人的前辈、长辈，许多同事成了很好的朋友。"客树回望成故乡"，在感情上广州无疑已经成为我的第二家乡。我为乡邦的变化感到由衷的骄傲和自豪，我也对广州的未来充满乐观的期待。我想，亚运会留给我们的精神遗产将历久弥新，它让我们的居民看到了这座城市的变化和美，让我们对城市的未来有了新的自信，让我们对如何共同营造城市的未来有了新的自觉。对这座城市而言，这也是一种"鸢飞鱼跃"的状态吧。

作为一个图书馆员，总是会把城市的发展与自己的图书馆、与自己的事业联系起来。我常想，一个城市可以因一片区域、一个地标式建筑而变，变得优雅、有气质，而人会因何而变？东坡诗云，"腹有诗书气自华"，这是就个体而言。对于城市居民整体，他们因何而变？思来想去，可以引起变化的，在根本上也只有文化这个因素。正如泰山之美，不同于黄山的奇松怪石云海，其固有自然禀赋之美，而更美在厚重人文，美在杜甫诗句，美在帝王封禅，美在儒释道争擅胜场，美在文人雅士、帝王将相兴笔所至、随处可见的碑碣摩崖。泰山之美，美在人文也。由此联想到此前同事们在查阅世界文化名城专题资料时得出的结论，文化名城各有个性，然其共同点却是都拥有发达的基础文化设施，即众多的图书馆、博物馆、美术馆、音乐馆等。城市的境界，正如山的境界，其高下之别在于文化；城市居民的境界，也如山的境界，要以良好教育为基础，更要依赖文化的长期浸润与滋养。一言以蔽之，要多办图书馆。

近一段时间，我更多地在思考我们自己的图书馆，思考她所处的阶段，思考她在五十年或一百年发展史中可能占据的时空坐标。她与改革开放同步发展 30 年，当前基本具备了跨越发展的基础和条件，美好的前景将一步步展现在眼前——似乎也正处于朱子所谓"鸢飞鱼跃"的阶段和状态。近年来，因为新馆的建设，广州图书馆的发展正面临着历史性的机遇；因为广州作为国家中心城市的新定位，图书馆的定位不再囿于城市图书馆、省会城市图书馆、副省级城市图书馆等圈圈，有了大有可为的广阔空间；因为专注于解决队伍的生存和发展问题，同事们消除或缓解了后顾之忧，有了更多更高的职业自觉，新同事不断增多，队伍的素质、结构得到了优化，更重要的是，在馆内形成了尊重每一个人、珍视每一个人的氛围，相当部分馆员的活力被调动和激发起来；因为数字图书馆服务的迅速发展、"羊城学堂"公益讲座品牌和"绘本阅读"儿童阅读推广品牌的确立、对外文化与学术交流活动的不断强化，我馆在业界、在社会各界拥有了更大的影响力，事业发展的自信不断增强；因为广州图书馆"十二五"发展规划的制定，全馆上下明确了共同的目标和思路，心可以往一处想，劲可以往一处使，整个馆、新馆的社会形象日渐清晰，图书馆科学发展的机制与整体合力初步形成。

世界上最大的图书馆——美国国会图书馆的杰斐逊大厦在兴建之初，决策者们高瞻远瞩，提出要建立与美国实力、与当时世界文明发展水平相称的新图书馆的宏伟目标；对中国国家图书馆新馆，建设者们的目标是要"与我们这个文明古国和泱泱大国相称"——每当我想起这些时，我都有抑制不住的激动，是呵，广州图书馆新馆能否建设成为一个足以代表当今广州市文化建设成就的图书馆呢？对我们的同事来说，对每一个关心和支持广州图书馆发展的人来说，这都是一个激动人心的目标。

当我们准备迎接建馆30周年的时候，我欣喜地看到，广州图书馆正处在"鸢飞鱼跃"的阶段，她正站在用30年时间夯筑而成的坚实基础上，用创新的思维，紧紧抓住机遇，描绘出未来的美好蓝图。

依稀记得另一幅画面：在泉城济南市某湖面，锦鲤畅游其间，周边空地上孩童们追逐嬉戏，而水边赫然伫立"鸢飞鱼跃"石碑，好一派和谐景象！

在这样的阶段，在任由思绪飞驰的时候，无论作为个体、城市居民还是广州图书馆的一员，我都觉得自己是充实而幸福的。

感恩母校　知行合一^①

尊敬的罗俊校长，尊敬的各位老师，亲爱的同学们：

大家好！

首先恭喜各位同学顺利完成自己的学业！

非常荣幸有这样的机会与大家分享我自己的一点经历和体会！时光飞逝，23 年前，我也是在这个梁銶琚堂参加我们的毕业典礼！今天站在这里，我最大的体会是，这些年来我从来不曾远离过我的母校！

我 1992 年毕业于当年的图书情报学系（现资讯管理学院）图书馆学专业，然后进入广州图书馆工作一直至今。从图书采访员的岗位开始，当过主任助理、副主任、主任、副馆长，2011 年起被聘任为馆长。回顾自己的成长，并无特别之处，只是一个平凡人的平凡经历，或许只是比身边人更多一些专注，

---

① 本文为应邀在中山大学 2015 届学生毕业典礼上的发言稿。

也更注重团队合作。

我的从业经历，大概代表了一部分校友：专业对口、"从一而终"。代表的这部分人有多少、是更多还是更少我并不知道，但就个人而言，这真是一件幸事！

我所服务的广州图书馆，现在有两个世界第一：一是在世界的城市图书馆中建筑规模最大，二是在世界的公共图书馆中服务量最大；它也是这两年来广州市最有代表性的文化地标和城市窗口。我们知道，一项公共事业要发展得好，一定要有天时地利人和；而其中实际工作者的工作要做得好，一定要有专业修养、国际眼光、社会视野、机遇意识、策略方法等诸多条件。我的体会，其中最重要的是社会视野、机遇意识和策略方法。要有专业修养、国际眼光相对容易，但要有社会视野比较难。社会视野从哪里来？从一个人的社会理想中来，从对社会现实的关注中来，从对社会问题的独立思考中来。要做到理论与实际相结合、国际化与本土化相结合确实比较难，但这是一条必经之路。我们也常说，机遇可遇不可求，要有机遇已经不容易，但更不容易的是能抓住机遇，顺应大势，顺势而为，如此才能事半功倍。就我所从事的公共图书馆行业来说，目前在中国正处于快速发展期，广州市还有一位特别有文化自觉的市长，所以这些年我们有更多的机遇，我们也很好地抓住了这些机遇，使我们自身以及整个地区事业的发展无论格局、气象都焕然一新。我们利用新馆建成开放的机遇，推动新馆跻身国内国际一流；利用市长重视的机遇，以人治推动法治，完成地方立法。当然做好工作一定还要有好的策略、方法。我的策略是广泛利用社会资源，尤其是善用母校资源，紧紧依托母校、依托自己的老师。我们的母校有全国最好的资讯管理学院，有最好的图书馆学情报学教授，如果不善加利用，岂不是资源浪费？

往回看十年，我和母校一起做了哪些工作呢？2006年我们组织举办了全国第一个专业高级研修班。这是公共图书馆运动引入中国一百年后，我国举办的第一个以传播现代公共图书馆理念为主要目的的研修班，推动广州成为全国公共图书馆发展的一个重镇，此后全国各地群起效仿。2006年我们启动了广州市图书馆立法研究与立法进程，历经十年完成立法工作，这是目前国内水平最高的一部地方图书馆法，如果全部实施到位，我们将建成具有世界水准的服务体系。2009年我们一起制定"十二五"发展规划，这个规划与广州图书馆新馆这个建筑互为表里，让新馆在开放服务以后成为国内外最好的公共图书馆之一，两度入选"广州市入载地方志十件年度大事"，就我所知，这个规划也已经成为国内图书馆界推动战略管理的一个经典案例。我粗略统计了一下，目前我们还有"十三五"发展规划、联合培养专业硕士等8个合作项目。

所以说，我觉得非常幸运，选择了自己的专业作为职业，选择在广州发展自己的事业，让我可以如此充分地利用母校丰富的资源。所以我对同学们、校友们最主要的建议是，只要有可能，充分利用你的母校，而母校也会因此获益。

从社会的层面看，大学和她的校友以及所在地的各种主体已经越来越成为休戚相关的利益共同体、区域共同体、命运共同体。今年 4 月 30 日，广州市政府在广州图书馆举行《广州大典》丛书出版座谈会，当时郑德涛书记、罗俊校长、陈春声副校长及多位教授应邀参加，非常充分地体现了学校与地方紧密的合作关系。

作为一个中大人，很多时候，我会想到中山先生留给我们的校训。我想这十字校训还可归纳为"学""思""行"三个字，其中最重要的是独立思考和笃行实践，也就是知行合一。当今时代，我觉得更多的是一个知易行难的时代。我想我们任何时候都不要忘记自己的个人梦想、社会理想，但一定不要空谈理想；任何时候都不要放弃自己的独立思考，这个国家、社会还有许多不完美的地方，但不要局限于做一个旁观者或批评者，而是要做一个积极的建设者，这也一定会让你自己、让他人的生活更美好。

最后祝福我们的同学都能创造和享受属于自己的美好人生！祝福倾心栽培、无私帮助我们的老师们康顺喜乐！祝福我们的母校越办越好！

谢谢大家！

在中山大学信息管理学院院庆 40 周年大会上的发言 ①

尊敬的邰校长，尊敬的各位老师、各位嘉宾，亲爱的校友们、同学们：

今天是一个喜庆的日子！是信息管理学院这个大家庭团聚的日子！感谢老师、同学、校友会从 7 月以来的努力，感谢学院的盛情邀请和深情告白——"扫榻以待，焕然一新，欢迎回家"。今天校友们"回家"了！

我很荣幸代表校友们热烈祝贺我们的学院院庆 40 周年！在这段接收一条又一条微信信息、等待欢聚的日子里，我相信所有的校友都会回忆起在校园里的美好时光——"母院的每片砖瓦，每棵草木，都镌刻着光阴的故事"。

今天置身在这样一个场景中，此时此刻，看到我们敬爱的

<hr>

① 本文为 2020 年 11 月 8 日所作发言稿。

老师们，有的已是满头银发，更多的是年富力强、谦和自信。40 年院庆，40 届学生，老师们一代接一代，培养着我们的莘莘学子。在这里，我要和所有的校友一起说一声：谢谢老师们！

在这样的时刻，我们会想起自己离开学校、走向社会、逐步成长的经历。我们非常高兴地看到，校友们在图书馆学、情报学、档案学各领域，在各行各业成长为中坚力量、栋梁之材。其中 86 级档案学校友李世全更是我们的骄傲！他的事迹非常感人，他是中山大学和我们学院忠诚使命、服务国家、奉献社会的精神的杰出代表！

在这样的时刻，我要祝贺学院 40 年的迅速发展和辉煌成就。作为在图书馆界的校友，我深知学院除了学科建设、人才培养、科学研究以外，还在社会服务中作出了卓越贡献，始终站在事业发展、社会进步的最前沿。在广东，这四十年间新建的绝大多数图书馆都与我们的老师息息相关；在广州，学院和老师们参与了从新馆建设、地方立法到编制规划、人才培养、文献整理、课题研究等事业发展进程中的所有重大事件。珠三角如今已成为我国公共图书馆发展最活跃、最能代表中国改革开放以来图书馆事业建设成就的两个地区之一，学院和老师们在其中发挥了突出的作用。进入 21 世纪以来，我们的老师一直是现代图书馆精神的倡导者、引领者，推动中国公共图书馆事业进入公众权利保障的新时代；在国家第一次进行公共图书馆立法、对事业进行顶层设计之际，提供了最优的蓝本、最好的案例和最多的建议；我们的老师们还深度参与制定规划、国家标准等事业发展重大议程。在全国范围内，我们的学院是深度参与事业发展与社会服务的典范之一。图书馆行业是学院开展社会服务的代表性领域，在情报信息领域、在档案领域我们学院同样贡献卓著。

在成就的背后，作为校友，我们也清楚地看到学院和老师们对专业的坚持、坚守和对学术的不懈追求，也非常高兴地见证了年轻老师们的迅速成长。当然，作为业界的校友，我在表示祝贺的同时，也因为多年来非常幸运地得到学院最多的支持，而且我所服务的广州图书馆或许聚集了学院最大的校友群体，所以我也要借此机会，并代表广州图书馆表示衷心的感谢！

过去 40 年，是改革开放的大时代。这个大时代和广东这片热土，提供了大舞台、大机遇，成就了学院的大发展，学院也成为这个大时代的造就者之一。这是一个理想主义的时代，是中山先生的理想、中国共产党的理想、老师们的理想、校友们的理想绽放光芒的时代。

在我们这个学科、职业发展的过程中，经常有关于发展前景的讨论。我在专业领域从业 28 年，不断地有一些新的感悟。我时常在想，古往今来，古今中外，人类知识的海洋浩瀚无垠，人类思想的星空辉煌灿烂，人类文明的记录卷帙浩繁，社会不断发展进步，一个与人类知识、信息、思想、文明紧密相关的学科、职业、事业、志业，应该有一个多么美好的光明前景！

时代在前进，一个时代有一个时代的使命。今天的相聚也是为了更好地再出发。我真诚地祝福并且相信，我们的学院将不负新时代，勇于面对，勇于担当，继续书写事业发展的新华章！我也真诚地希望，我们的校友作为学院这个命运共同体的一员，都来继续关心、支持学院的发展！

最后衷心感谢所有的嘉宾、老师、同学，校友会各位理事和所有校友们的辛勤劳动，为我们提供了这个欢聚、分享和交流的机会！祝大家身体健康、家庭幸福、万事如意！

谢谢大家！

后　记

　　写作本书的缘起，首先是因为我有幸入选广州市宣传思想文化领军人才，有专项经费的资助。在此，非常感谢市委宣传部、市文广旅局、广州图书馆及各位领导和同事一直以来的支持和鼓励。这项资助使我萌生把近年来在图书馆管理方面的思考、心得进行梳理和记录的想法，一方面算是对自己职业生涯的总结之一，另一方面也想这样的内容对同行们来说或许有一些参考价值。之所以选择图书馆管理的主题，则是因为此前自己对相关问题的研究相对较少，正好可以作为补充。

　　至于本书的风格，我要坦承，一方面是因为学力有限，难以写成严谨规范的学术著作，另一方面是受吴建中馆长《21世纪图书馆新论》的影响。吴馆长是受我敬重的前辈，他这本大作是我经常翻阅并多次推荐给同事尤其是青年馆员们的一本专业著作。该书具有学术意义上的创新性、思想内容的前瞻性和广阔的国际视野等特点，但又不同于一般的学术著作，整体逻辑性强但行文灵活，可读性强，容易理解，容易接收，容易传播，特别适合实践领域的图书馆人阅读。当年几乎一口气读完的时候，我就想，如果有朝一日要写书，我就写一本这样的书。这便是本书行文风格的由来。我的定位，是一本可读性强的专业著作。相应地，我对管理工作相关内容的梳理也不追求系统完整，而是在管理实践的基本框架内，将个人认为相对重要的要素、问题、观点梳理出来，一个个独立成篇，希望既覆盖管理实践的主要领域，同时谋篇布局又相对灵活。

本书从构思大纲到断断续续地写作，再到修改定稿，前后花了近两年的时间，遗憾的是原拟计划中仍有大约 20% 的内容无法完成。因为已经上报写作计划，同时资助经费的使用也有时间要求，因此后期不做"加法"，只做"减法"，以保障实现主要目标。

一本书不会是由一个人完成的，尤其是一本关于管理实践的书。管理经验、体会固然出于个人思考，但很多时候也是同事们研究、讨论的结果。因为汇聚了众人的力量和智慧，所以我要特别感谢以下各位：我曾多年共事、并给予我许多教益的广州图书馆领导班子成员，包括刘洪辉、何建平、吴翠红、罗小红、黄秋玲、王永东、李慧敏、王长庆、刘平清、陈深贵、黄广宇、张亚强等各位，衷心感谢大家在工作中给予的支持和启发；在书稿中，涉及相当数量的数据、事实需要核查，也引用了广州图书馆的历年年报、庆祝建馆 40 年系列出版物等资料，有一些文字的底稿出自广州图书馆办公室和中心图书馆办公室的同事，这方面要特别感谢肖秉杰、高美云、张伟、谢燕洁、陈丽纳等各位；衷心感谢刘洪辉、罗小红、肖红凌抽出宝贵的时间，认真帮我审读文稿，提出了许多宝贵的意见、建议；尤其要特别感谢既是领导、亦是师友的刘洪辉馆长，在假期帮我审完文稿之后，又热情地为本书赐序；感谢人力资源部、研究发展部的同事廖莉莎、潘颖、邵雪，帮我协调各项研究、出版事宜，尤其感谢邵雪帮忙承担了大量细致的文字整理、核校工作；感谢国家图书馆出版社图书馆学编辑室主任邓咏秋老师、责任编辑张颀老师和他的同事，耐心等待书稿的完成，为本书的编辑出版提出了大量专业、中肯的意见，做了大量的工作。最后，我要特别感谢我的夫人张海燕，承担了家里的大量事务，让我得以集中精力完成书稿。

最后要感谢各位读者。如果您喜欢这本书，并且这本书对您的工作、思考多少有所启发的话，那我的目的也就达到了。

2022 年 12 月